わたしの旅ブックス
060

誰も行かない場所に行く
限界旅ギリ生還記

指笛奏者

産業編集センター

はじめに

この本を手に取るのは旅が好きだったり海外に興味があったりする方だろう。韓国へ行く人もいればアフガニスタンに行く人もいるかもしれない。かくいう私もそんな旅好きの一人である。

旅行にハマったきっかけはほんの些細なことであった。元々、家族旅行で親父の赴任していた深圳や香港などに行っていたぐらいでちゃんとした海外旅行はしたことはなかった。

大学入学後は、自分の資産増加を眺めるのが好きな守銭奴であったが、そんなに金があったところで使わなければ意味がない、大学生なのに引きこもって勉強するなら海外にでも行ったら？　と言われて渋々重い腰を上げたのがきっかけである。

どうせ行くなら近場より遠方、紅茶やシャーロックホームズ、『高慢と偏見』のJ・オースティンが好きだったからという安易な理由でイギリスに旅行したらどハマりした。

そこからは全ての長期休暇を潰して旅行した。最初はヨーロッパ一周であったり、東アジアを回ってみたりとよくいる大学生の旅行者と同じようなことをしていた。それが日中韓台と一通り東アジアを回った頃に地図を眺めていたら一つぽっかりと空いている国があることを思い出した。そう、北朝鮮である。


北朝鮮へ渡航したのは二〇一七年のことである。今でこそ行けない国はないと思っているが、当時は北朝鮮に入れるなど微塵も考えていなかった。

訪朝計画について話したら何人もの友達が一緒に行きたいと手を挙げた。どうせ行くなら大人数だと色々声をかけて回ったら普通に二〇人ほどが集まった。ただ国際情勢は動き続ける。トランプと金正恩が互いを激しく罵り合い、情勢は急速に悪化した。

弾道ミサイルが発射されるたびに募集したメンバーは半減し最後は自分一人になった。それでも自分自身の固い決意は変わらず渡航を決行した。

この旅行自体は良くも悪くも無事終わりを迎えた。命は無事だし腹の括り方を覚えたしTwitterでは炎上したし、神奈川県警外事課のブラックリスト入りをした。

このあとは大学当局にイラン渡航を止められたりイラク渡航で外務省に怒られたり大変だったが、一回ハマると極めたくなる性分なので壁が高いほど燃えるようになってしまった。

このような経緯で色々経験値を蓄えていったエピソードを集めたのがこの本である。

旅にハマったきっかけはイギリスのロードバイク旅

誰も行かない場所に行く 限界旅ギリ生還記 目次

1

トルコでぼったくりに遭って有刺鉄線を乗り越え逃げた話

今でこそスリ、ぼったくり、強盗、ゲイ強姦未遂など一通りの犯罪（被害）は経験しているが、これはまだ僕が何も知らなかった頃のお話である。

彼と出会ったのはイスタンブールの旧市街にある大通り。バザールを回ってお腹が空いたのでマックに向かっていた。その途中のことだ。突如話しかけられ

「君日本人かい？」

「そうだよ」

といったやり取りが始まる。テキトーにあしらっていた

当時トルコではクーデター未遂事件が起こり市内は厳戒態勢だった

ら、自分もマックに行こうとしていたところなんだ、日本にいた時みんな優しかったしまた日本人と一緒にしゃべりたい、俺が奢るから話そうと言ってきた。

いくら親日国とはいえ、道端で会った男にいきなり奢るというのは理解できない。どう見ても怪しいので適当に相槌を打ちながらやり過ごしていると、いつの間にか彼がトルコ語で会計を済ませていた。

スマートに奢られてしまったし、これが仮にあとから請求されるとしてもせいぜいマックだしタカが知れてるしいいかとご馳走になり、話の続きをし始めた。

彼は日本に行ったことがあり、大阪に日本人の友達がいるという。そして「なんでやねん！」だとか「おっぱい！」とか叫び始めるので思わず笑っていた。

その後雑談しながらヨイショされていると途中で「あれ、日本と韓国の間にある島なんだっけ、竹島？　あれ日本のものだと思うんだよね、俺は韓国が嫌いだ」と。この言葉は保守系思想であった僕の琴線に触れた。

トルコってやっぱ親日国なんだなぁと感心していると、それに加えて「トルコには騙してくる人がいるから気をつけなきゃいけないよ。会ったやつは全員疑った方がいい」とアドバイスまでしてくる。

だいぶ打ち解けたあと、彼は今日の夜の予定や他の人と何か約束があるかを聞いてきた。今晩は疲れてるしホテルに帰って寝たいかなと答えた。その日の早朝にギリシャのアテネからバスに乗って十四時間かけてイスタンブールに着いたばっかりだったからだ。そしたら夜に遊ばないなんて勿体無い、本当に何かしたいことはないのか？　と聞いてきた。

この時はまだシーシャを海外で吸ったことがなく、体験してみたいなと考えていたのを思い出し、トルコに来たなら一回本場のシーシャに行ってみたいと伝えた。

「いい場所を知っているぞ。もしよかったら連れていってやるよ。今日は俺の奢りだからな、Hey, my brother」

彼はすぐにもタクシーに乗って出発しようとした。その時モバイルバッテリーを持っていなかったので、ホテルに用事あるから一度戻っていい？　と聞いた。

そしたら「なんで？」「その必要ある？」と執拗に引き止めてくる。僕が充電がやばいから充電器を取りに行きたいんだと言うと、わかった、わかった、僕はこのホテルに泊まっているからと近くにある高級ホテルのカードを見せられ連絡先を交換した。

ここで一旦彼とは別れた。待たせるのも悪いと思いホテルにすぐ帰った。ささっと色々準備を済ませホテルを出たが、彼が待ち合わせの場所にいない。着いたと伝えると五分ほど経って現れた。彼は開口一番「我が兄弟よ！　ハビービー」と言いチャイを奢ってくれた。

寒い中飲むチャイは本当に美味かった。身体の芯から温まるような感じだった。飲み終わるとメインの飲みに行きますかと兄貴。あれ？　シーシャ屋どこいったん？

僕の表情に疑義の念を感じ取ったのか、夜は長いんだし俺がオススメのシーシャ屋連れてってやるから安心しろと宥められる。それもそうかと納得し案内されるがままタクシーに乗り込んだ。

彼が行き先をトルコ語で伝えると車はぐんぐん西の方に向かい始めた。ムムッ？　こんな方向にシーシャ屋なんかあるんか？　旧市街でも新市街でもないしな～、でも本場のシーシャ屋って言ってたし現地人が行くローカルな店なのかもな。

二～三〇分ほど走り店に着いた。彼曰く地元の人が行くナイトクラブだった。駆けつけ一杯、ビールを注文するとビールの他に女の子も付いてきた。聞いてみるとウクライナ人とルーマニア人。

「Is this キャバクラ?」と日本かぶれの外国人がいかにも言いそうなセリフを口にすると「そう、それやねん！」と返ってきた。

クラブというよりキャバクラらしい。人生初キャバクラ、しかもトルコで。悪くない。うん、めちゃくちゃいい。ウクライナ人もルーマニア人もめちゃくちゃ綺麗で完全に浮かれてしまった。鼻の下がオスマン帝国の領土ぐらい伸びていたと思う。

ちょうど二日前にウクライナに行ったところだったので話がしやすくて助かった。彼女の出身やら働いた年数を聞いている感じだと、彼女は出稼ぎ東欧移民といった感じの普通のウクライナ人の女の子だった。話は弾んだので、この旅行前に色々図書館で勉強したことが役に立ったようで良かった。（そのおかげで単位を半分落として留年した）

結局ビール五杯、ワイン四杯、カクテル二杯、ショット五〜六杯を飲み出来上がり、ウクライナとルーマニアの綺麗なお姉さんとダンスして夢見心地。だんだん気が緩んでいた。

飲んでは踊り飲んでは踊りを繰り返していたらいつの間にか真夜中を過ぎていた。十分楽し

連れていかれた店内

んだしそろそろ当初の目的であったシーシャ屋に行きたいなと思い連れに耳打ちした。

会計するとのことで店員を呼ぶ連れ。結構飲んだしこんなに奢ってくれるのいいトルコ人やなぁと思っていると黒服の人が数字を書いた紙を持ってきた。八六〇〇トルコリラ。

当時のレートは一トルコリラ＝三二円ほど。最初は酔っ払って桁を間違えたので二万と五千円程度か、割と飲んだな。四時間いて飲んだ量も量だし女の子もついてるならこんなものかと考えていたら連れが半分払ってくれと言い出します。ん？？？　こいつ何を言ってるんだ？？？？？

さっきまで俺が払ってやるから好きなだけ飲めと言ってたじゃないか……とここで気づいた。

あれ、これ一桁多いじゃん。

請求額八六〇〇トルコリラは日本円にして二七万円。ちゃんとしたロードバイクが買える値段だ。

半分払えと言われても一四万弱。結構酔っ払っていたので暗算が不安になった。持っていたiPhoneとAndroidで検算すると何度やっても一四万円。え、一四万円？　マジで言ってて

あとから撮った支払いのメモ書き

る？？？

そうこうしているうちに別の強面のおっさんが怒鳴り始めた。

「お前はマフィアか（Are you mafia?）」

「いやマフィアの構成員ちゃうわ（I'm not a mafia member!!!!!!!!）」

いやなんでやねん。とりあえず言い返した。

「俺のクレカの上限額じゃ払えないよ〜。トルコでこの値段は普通だよ」

困った顔をして僕に半分の一四万円を支払うように兄貴は要求してくる。どこにクレカ上限額で支払えないお店に普通に行くやつおんねん。

さっきまでWe are brothers!!!　イェーイ！！　とか言ってハイタッチしながら今日は俺が奢ってやると大口を叩いていた彼はどこに行ってしまったのか。

この時点でやっと僕はぼったくりに遭ったことを察した。兄貴は飲んでる時に頻繁に席を立ちどこかに行くので、バックレて無銭飲食するタイプの人間かと一瞬考えてはいた。ただそれでも結局毎回席に戻ってくるので、電話しに行ってるのか頻尿なだけかと勝手に納得していたのだ。

思い返せば、最初話した時に彼が言った「会ったトルコ人は全員疑え」という言葉は本当だった。そう言ってきた本人自身も疑えという重大な暗示だったとは。他にもよくよく考えればおかしい点はいくつも思い浮かぶ。

おっさんがガンガン怒鳴りつけながら早く払うように急かしてくる。そこで小さな手提げカバンを開き財布を出した。そこにあったのはたった三五トルコリラ（当時のレートで大体一〇〇〇円）。ぼったくった一四万円分はおろか、さっきまで飲み食いした金額にすら到底届かない。

クレカすら一枚も入ってないすっからかんの財布を見て相手も驚きを隠せない。

金隠してるだろ！　と机を叩きながら問い詰めてきたおっさんは僕の手から財布を奪い取り中身を検分する。でもわずかなお金のほか入っているのはせいぜい日本語が書かれたポイントカードだけ。あとはスッカスカのスカンピンなのだ。

他にカバンに入っていたのは調味料の塩こしょうのボトル、あとはスプーンとフォークが一組。

こんなこともあろうかとバッテリーを取りに行きたいとホテルに戻った際に貴重品は全部置いてきたのだ。財布の中には三五トルコリラだけ残し、クレカや持ってた外貨の大半は金庫の中。俺天才じゃん。

おっさんのボルテージはますます上がり、この連れのやつにホテルに一緒に向かわせるからそいつに払えよと要求してくる。そこでまずそもそも値段自体が意味不明なこと、そんなに言うならちゃんと内訳見せてみろやと応えると、怒号が飛び交う押し問答になった。

おっさんが突き飛ばしかけてきたので僕も頭に血が上り、レジの前に押しかけ内訳見せろとレジの従業員と摑み合いの大立ち回り。キレてたおっさんが後ろから摑みかかってきたので持ち上げて放り投げた。

しっちゃかめっちゃかになりつつもそこはさすがにプロのぼったくり集団。内訳はどうにもわからない。しかし先方もこの場で支払わせるのは無理と踏んだのか、追い出すように外に待たせてあるタクシーの方に追いやられる。

この時点でもう踏み倒す気満々だったので、外に出るとキレて不貞腐れたようにしながら店を離れた。連れのクソトルコ人が「ホテル遠いし、タクシー乗りなよ」と促してくるがガン無視。

少し間合いが取れたと判断した次の瞬間、ダッシュで走り出した。

カモが遁走したことに気づいた従業員やクソ兄貴も追いかけてきた。ここで逃げる方向を間違えた。左も右も完全に壁、突き当たり奥にアパートの階段があるのみで他に逃げ道がない。

一か八か上るしかねぇ！　と駆け上がる僕。

だが階段を上ってもそこから先は結局行き止まり。周りは有刺鉄線に囲まれた塀。詰んだ気がする。あれ？　有刺鉄線？？　有刺鉄線って乗り越える方法あったよな。脱獄囚や兵士が手近にワイヤーカッター等の工具がない時にどうするか。

そう、服をかけるのだ。咄嗟にパーカー二枚を急いで脱いで有刺鉄線にかける。こうすれば肌に裂傷を負わずに乗り越えられる。ディスカバリーチャンネルで見た。

後ろで接近してくる音がしたのでさっさと乗り越え服を回収。セキュリティ意識がすこぶる高いのかブロック塀は二階の高さほどもあるが、逃げ切るには飛び降りるしかない。

元々パルクールをやっていたのでこの程度の高さはへっちゃらだ。がしかし薄い月あかりで見る限り、下には建材と思しきH鋼が乱雑に積んである。一瞬逡巡したが、退路は既に断たれていたのでえいやと飛び降りた。野生の勘が冴え渡っていたおかげで綺麗に着地できた。

ここまで来たらもう彼らは追ってこられないはず。脱いだパーカーを急いで羽織り、他人の敷地をサッと横切り反対側の大通りの塀に近づいた時、闇夜の中を何かが猛スピードで駆け寄ってきた。けたたましい咆哮と共に現れたのは二匹のドーベルマン。

一難去ってまた一難。いやマジかよ勘弁してくれよ～。以前、ユーゴスラビアやトルコで野犬に何回も追いかけられているため犬の怖さは十分理解している。

とりあえず殴りかかったがなかなか当たらない。犬ってやつは体高が絶妙に低いからパンチが全然当たらない。そしてこの頃はまだこしょう攻撃を発見していない。（犬は鼻が利く生き物なので殴ったりナイフで応戦するよりこしょうをぶっかけた方が確実に撃退できるとあとで学んだ）

さすがに番犬に比べると野良犬はめちゃくちゃにしつこい。ヒラヒラしていた上着の一部を噛まれて衣類が裂ける。おっとこれ冬じゃなかったら皮膚に穴空いてるな。

無我夢中で殴ったり蹴ったりしていても埒があかない。二匹別々に攻撃されるのはどうにもやり辛い。一匹の攻勢を逃れてももう一匹が食い付いてくるから塀に登る余裕がないのだ。

作戦変更して一回パッと攻撃をやめ上体を引いてみる。目論見通り彼らはその隙を逃すまいと同時に攻撃してくる。二匹が並んだ瞬間、乾坤一擲の回し蹴り。一瞬怯んだ彼らに隙ができた。このチャンスを逃すわけにはいかない。なんとか塀をよじ登り脱出することに成功した。不法侵入したのは僕の方。犬さん殴ってごめんなさい。

ここからは追っ手に追い付かれないように来た道と逆方向の西を目指しながらランダムに右に行ったり左に行ったり。どうやら有刺鉄線を乗り越えたあたりから追跡されてる気配はない。

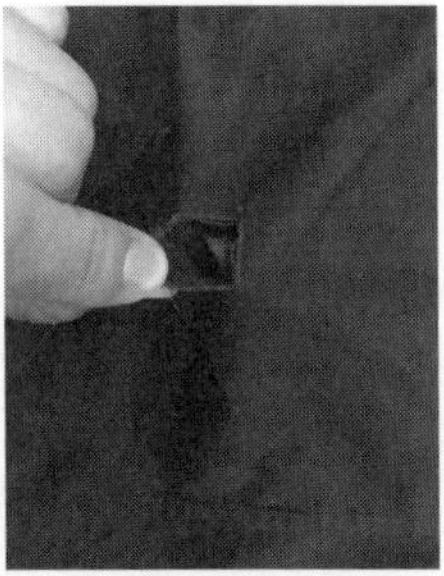
番犬に噛まれて開いた穴

交通量の多い大通りに達した時、時計を見たら夜中の二時だった。さてここからの帰り道はどうしたものか。不幸中の幸い、オフラインマップを広範囲にダウンロードしておいたおかげでギリギリ自分のいる位置を把握できた。当時はまだSIMロック解除のハードルが高くリアルタイムの通信はできなかったため、半日前の自分の判断に拍手だ。

どうやらホテルまでは一五キロほど。荷物はほぼないから軽いジョギングで行けば二時間程度で着きそうな距離だ。思ったより遠くなくてよかった〜。春先のトルコはまだまだ寒かったけど酔い覚ましにはちょうどいい気温だった。

そして僕は親日か反日かなどという善悪二元論など所詮幻想だと悟り、海外旅行中に会った外国人は全員潜在敵として認識、行動するようになった。

あゝ、トルコのシーシャ吸いたかったなぁ。

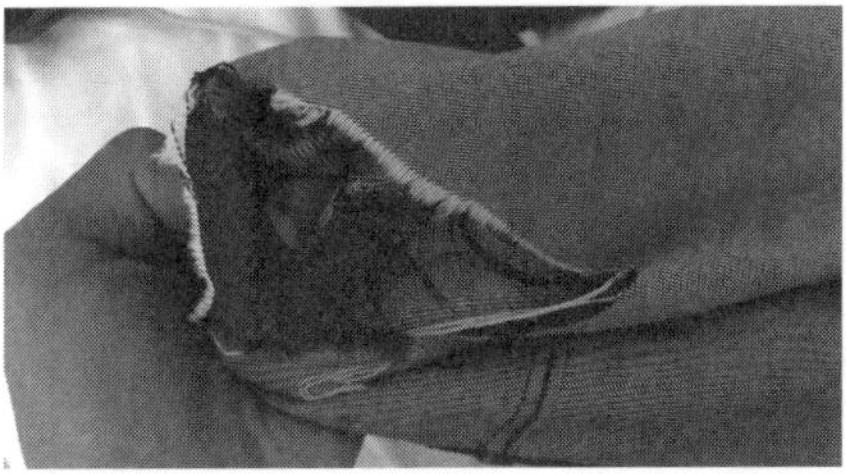
破れた洋服

2

北キプロスのトルコ軍占領区域に日本人で一番乗りしちゃった話

※本稿は決して北キプロス・トルコ共和国の渡航を勧めるものではございません。当地はトルコの保護国であり国家承認しているのは唯一トルコだけです。つまりトルコ大使館以外の在外公館が存在しません。何かあっても自己責任です。（とまぁ一応お決まりのご注釈をつけているが地域大国トルコの強力な軍事力により治安は非常に安定しており未承認国家としてはかなり難易度が低い国である）

最初に言っておく、読者にギリシャ人いたらごめん。多分絶対に許してくれんと思うけど。今から嬉々として書く内容はわかりやすく言うと「アメリカ人が韓国側から竹島入ったぜイェーイ！」みたいな感じである。日本人は領土問題に疎いのでこう言われても怒らない人が多いだろうが、ギリシャ人がこれを聞いたら激昂してもおかしくない。今回はそういうお話である。

まずそもそもキプロスってどこ？　何でそんなに揉めてんの？　という方がほとんどだと思うので簡単に説明しよう。詳しい背景はWikipediaでも歴史の本でも読んでくれ。

キプロス島は地中海の東側に位置する。サルディーニャ島とかマルタ島、シチリア島、こういった地中海の島国と同じくここキプロス島も戦略上重要な拠点であり、島の歴史は被征服の歴史である。

目下このキプロス島が抱えている政治対立、民族対立はここ数十年数百年の話ではない。現在ではギリシャから遠くトルコに近いが、ギリシャ神

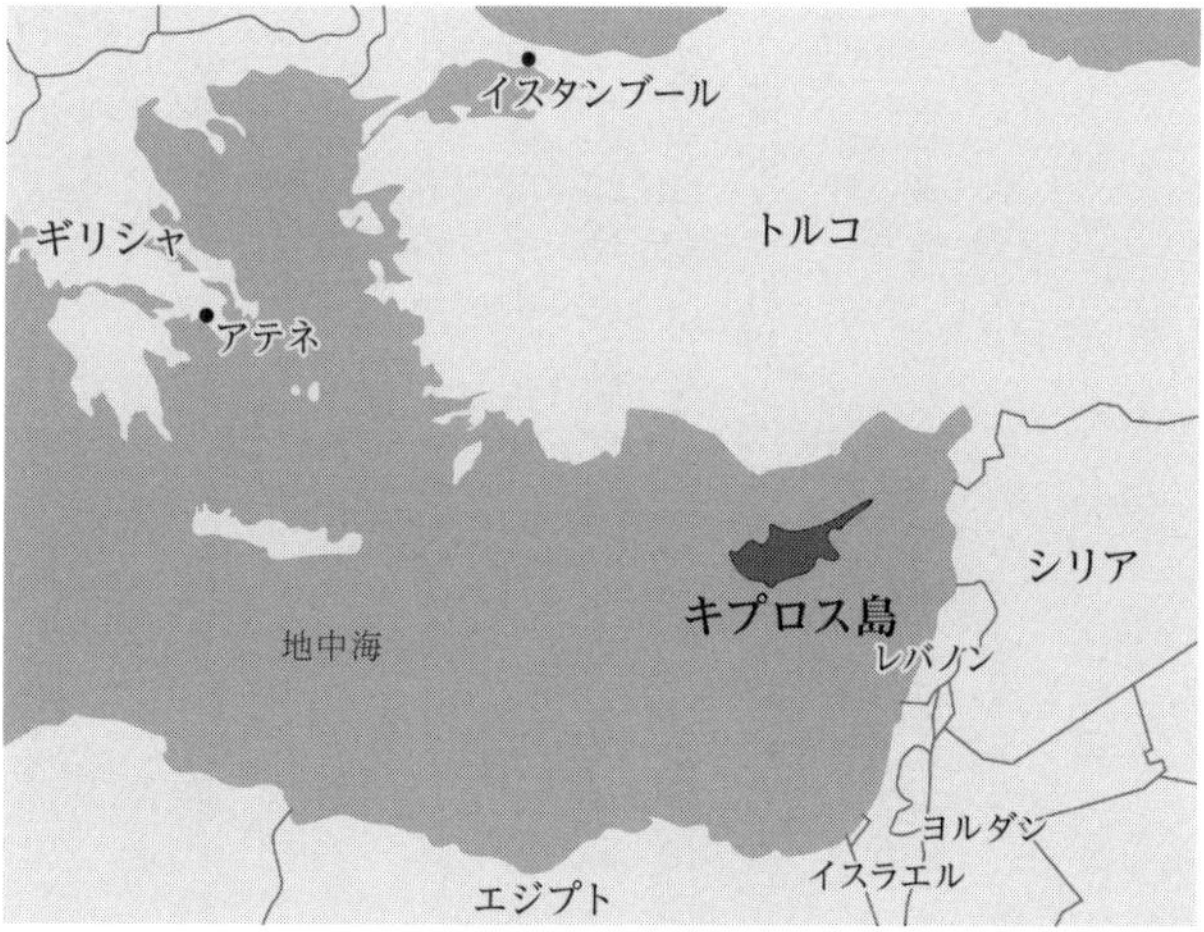

話では女神アフロディーテの生誕地とされているように、古くからギリシャ人が入植し文化圏を形成していた。

前一五世紀前半にはエジプト新王国のトトメス三世の支配下にあったが、ミケーネ時代に入ったギリシャ人が植民活動を行って移住し、ギリシャ文化圏と接触した。これが現在キプロス島の人口の八割を占めるといわれるギリシャ系キプロス人の始まりである。

その後フェニキア人による植民都市の建設、アッシリア帝国、アケメネス朝ペルシャ、プトレマイオス朝エジプトの支配下へと変遷を辿る。前二世紀にはローマ帝国の属州となり、分裂後のビザンチン帝国へと引き継がれた。キプロス島にはこの時代の遺跡が各地に残っている。

その後十字軍に参加していた英国王リチャード一世が島を奪い拠点としていたが、圧政により民衆の不満が爆発し、のちに島はテンプル騎士団（中世の三大宗教騎士団のひとつ）に売り飛ばされた。その後は十字軍の侵攻を受け、フランス系の王朝が続く。

そして一五世紀末、ようやくオスマン帝国の支配下時代が来る。この時代にイスラーム化が進み、目下島の第二勢力であるトルコ人の入植が始まった。現在のトルコ系キプロス人の始まりである。ただギリシャ系住民はそのまま存続しており、この時からギリシャへの帰属を要求するエノシス運動という運動が起こっていた。

時代は一気に飛んで一八七八年、露土戦争後のベルリン条約でイギリスが統治権を得る。第一次世界大戦後勃発後、オスマン帝国が同盟側についたのを口実に併合を強行し、一九二五年には正式に植民地とする。中東支配の拠点とするためである。これが島の第三勢力イギリスの登場である。

ただイギリスの支配は長く続かなかった。第二次大戦後、独立運動が起こる。一九五五年、キプロス正教マカリオス大司教の指導の下、ギリシャへの統合を主張し英国と対立。しかしイギリスはギリシャ編入は認めず、独立の条件として軍事基地二ヶ所を確保することに成功した。

これが現在、英国主権基地領域アクロティリとデケリアと呼ばれる地域である。ここは現在でも西アジア方面における軍事的重要拠点であり対イスラーム国戦でイギリスはここから戦闘機を出撃させていた。

一九六〇年にイギリスから独立を果たしキプロス共和国が成立するも、一九六四、一九六七年にキプロス島の約二割を占めるトルコ系住民と八割を占めるギリシャ系住民が武力衝突する。

さらに一九七四年ギリシャの軍事政権がキプロス島に介入したことに反発し、トルコ共和国が出兵して北側を占領。一九八三年に一方的に北キプロス・トルコ共和国の樹立を宣言。南キプロスはEUに加盟するが、北キプロスはトルコだけが国家承認する未承認国家の一つとなった。この時訪れたギリシャ人居住区ヴァローシャはトルコ軍の支配する場所と化し、五〇年間観光客の入れないキプロス紛争の象徴の一つとなった。

というわけで四国の半分ほどの大きさしかないキプロス島の中は複雑怪奇なものとなっている。

①がキプロス共和国、②が北キプロス・トルコ共和国、③がそれぞれ英国主権基地領域アクロティリとデケリア、④が国際連合キプロス平和維持軍が駐屯する緩衝地帯となっている。この図ではわからないが、さらに細かい飛地が存在する。

さてそろそろ本題に入ろう。この日僕は北キプロスの東側の都市であるファマグスタのヴァローシャ

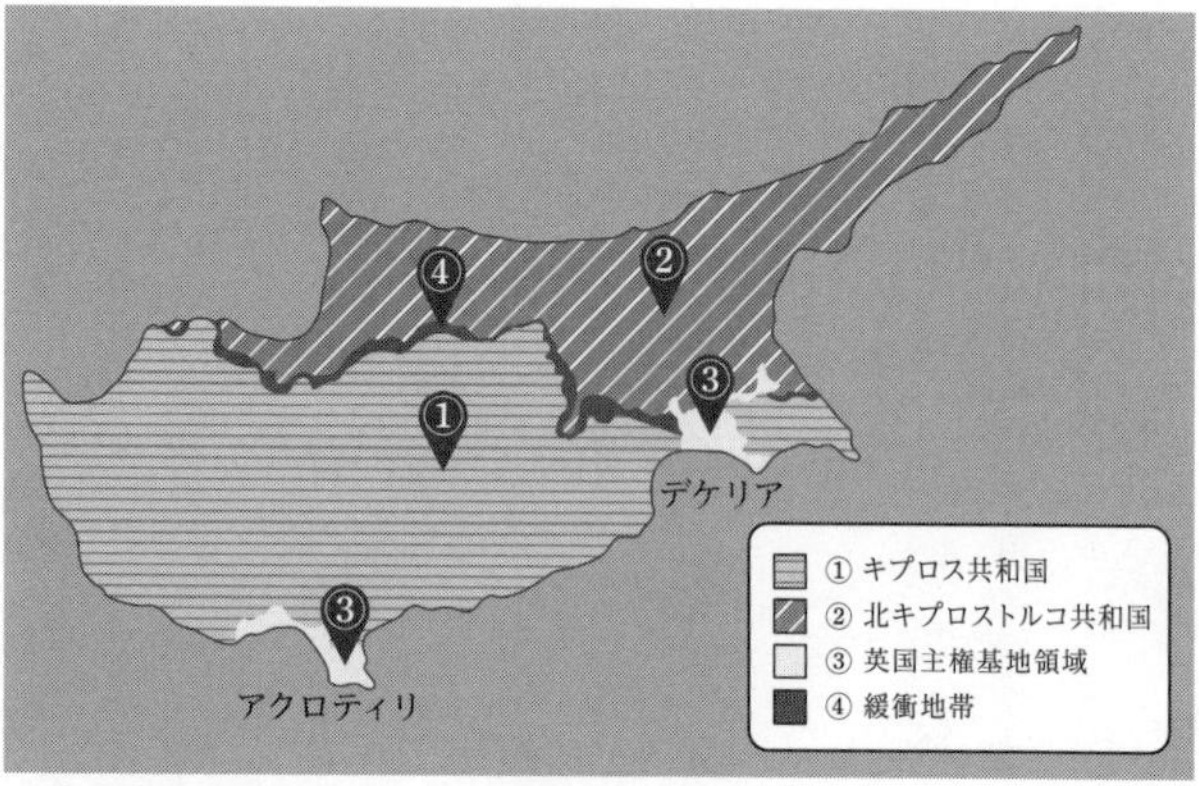

キプロス島勢力図

地区に行くつもりだった。ここは独立キプロス時代にギリシャ人が住んでおり一九六〇〜一九七〇年代には毎年数万〜数十万人の西欧人が訪れるキプロスの一大観光地であった。

その繁栄も終焉を迎える。一九七四年にトルコ軍が北キプロス部分を占領、このヴァローシャ地区のギリシャ人は追い出され難民と化した。ただ他の地域と違い、この地区はギリシャ人しか住んでいなかったため、占領側とて入植行為が簡単にできなかった。そして五〇年間トルコ軍しか入れない辺境マニア垂涎の場所となった。

僕も北キプロスを見に行くなら国際連合キプロス平和維持軍が駐屯する南北キプロスの緩衝地帯だけではなく、この五〇年間闇に葬られてきた廃墟地帯にも行かなきゃと思っていた。ただここは曰く付きの場所であり、辺境オタクが写真を撮りに行こうとしたら「警告射撃を受けた」だの「カメラを没収されて全部の写真・動画を消させられた」だのといった話を事前に聞いていていた。限界旅行あるあるの話である。

ただ一つ希望があった。トルコのエルドアン大統領が六〜八月あたりにこの地区の五〇年における封鎖を解き再開発を強行するというニュースを見ていたからである。もしかしたら再開発している場所を観測できるかもしれない。このキプロス対立の新たな一局面が見られるなら、この旅行も意味のあるものになるだろうと。

この数日前、北キプロス側から南キプロス側に入国可能かを確かめる際に検問所を撮影していたら、バレて「消せ、消さないと刑務所に入ることになるぞ」と恫喝されていたのでヴァローシャ地区はもっと厳しいだろうな～と思っていた。

そこで今回の突入にあたって作戦を考えた。

この地区で一番有名なのが海岸沿いのホテル廃墟群である。ビーチだけは解放されておりそこから占領地域の停止線の向こうに廃墟が見える。事前調査ではビーチ側から写真撮影すると軍人からなにかのアクションがあると聞いていたので、僕は西側の境界沿いに歩いて観察することにした。

読みは当たり、三～四キロほど境界線沿いに歩いていたが軍人は一人も見当たらなかった。こういう場所にありがちな定間隔での監視塔も見当たらず、思う存分柵越しに観察することができた。柵自体も風化しており乗り越えようと思えば乗り越えられそうではあった。だが地雷が敷設されてる可能性が高いし、建物は五〇

廃墟となったキプロスの街並み

年間放置されていた上に海岸沿いなので塩分による浸食が激しい。さすがに無理やなあという感想を抱いた。

西側から廃墟群を見終えた僕は海岸沿いのビーチ側に向かった。曰く付きではあったし、警告射撃を受けることになったとしてもここは外せない。歩いている途中にその時点で撮影した動画写真は隠しフォルダに移しておいて、仮にチェックされても問題ないようにした。

ビーチに向かって海岸沿いを歩いていると飛び地のようにトルコ軍の立ち入り禁止のマークや塀が存在していた。

浜辺が近くなってくるとトルコ人観光客らしき人の声が大きくなってきた。浮き輪を持っている人たちがいたので海は普通に解放されているようである。

海はコバルトブルーの澄んだ色をしていた。あーこりゃ観光地としてエルドアン大統領が開発強行したくなるのも無理はないな。

絶景の海と五〇年誰も入れなかった廃墟群の対比が異質さを物

ビーチにあった柵

トルコ軍による立入規制

語っていた。

海岸沿いから境界線に向かって歩いていく。あれ柵の向こう側にめっちゃ人おらへん？ 何ここ普通に入れるのか？

いや確かにこの柵のガバガバさ、見た通り余裕で侵入できるよね？ いや、というか侵入してくれって言ってるようなもんじゃない？ ほな入りますか。とりあえず侵入してみた。

三〇秒ぐらいで警笛が鳴らされて監視員のおじさんが歩いてきた。が、警告射撃されるとかそういった物々しさは感じられない。あ、これ別に入る方法あるんだな。思った通りおじさんは「ここからは入るな、ぐるっと回れ」みたいなジェスチャーをしてきた。

合法的に入る方法が見つかった今、あえて危ない橋を渡る必要もないので大人しく引き返し境界線上を歩いていく。人の流れを見つけついていくと検問所があった。検問所で僕だけ呼び止められたので何かあるかと思ったが、ドローンを所持してないか手荷物検査をされただけだった。ライトで軽く中を見てすぐ解放された。こういう役人あるあるのやっつけ仕事。無事僕は五〇年弱封鎖されていた占領地域に入ることに成功した。

検問所から入ってすぐの光景。廃墟型テーマパークのようであった

この地区が占領されたのは一九七四年である。奇しくも日本の軍艦島の炭鉱が閉山して島民が離れたのもこの年である。

中の道路はちゃんとした舗装で整備されていた。アスファルトの耐用年数は約一〇年といわれてるので、所々ヒビ割れてるのを見るにかなり前に敷設したことが窺えた。トルコ軍の仕業であろう。

こういう場所に来たらやることは一つである。廃墟ビルに登るのだ！

北キプロスを国家承認している国は他にないので出国しちゃえば関係ない。周りのトルコ人観光客も警察や軍人の制止する声を無視し柵越えして廃墟ビルに入っていく。僕も他の集団に紛れて一番高そうな十一～十二階建てのホテルに登る。

このホテルは建設途中に制圧されたので階段の鉄骨が剝き出しである。

一応エレベーターは存在しているが、片方は腐食してケーブルが破断し箱が落下したのか一階の扉を突き破っていた

ホテルの内部

あーコレ腐食して強度落ちてるし下手やると座屈して落下して死ぬな。

　さすがに一歩ずつ慎重に登っていった。

　廃墟ホテルの最上階から睥睨する光景に心奪われた。あゝ遂にこの場所に入れたんだ。海はとても綺麗だったが廃墟は建設途中のクレーンまで残っており、五〇年間この区画だけ時が止まったようであった。

　一通り廃墟ホテルの内部を見終えて満足したので、占領地域内の他の場所を見に行った。

　柵からだいぶ奥へと行くとそこは草木の生い茂る廃墟だった。ただキプロス島は乾燥地帯でそもそもあまり雨が降らず、植物が少ないので、長年閉鎖された空間にしては植物による建物や舗装の浸食は少なかった。これが日本だったらせいぜい数年あればこれを超えていただろう。ここでキプロスでの水問題の深刻さが推し量られた。

　ぶらぶら区画内の建物を見ながら歩いていくと検問所らしきものが見えた。ヴァローシャ地

ホテル最上階からの眺め

区で観光できるのはここまでなのかな？　と思い一人の軍人に尋ねてみた。

「ここで道は終わりですか？　検問があるってことはここは南側の入り口でもう見るところはない感じですか？」

「モシカシテ日本人デスカ？（日本語）」

「いやマジか、こんな所で日本語が喋れる人に出会うとは……」

「六本木、原宿、日本ハイイトコロデシタ」

「うおおおお、あのここに誰か日本人が来たの見ました？」

「イマノトコロアナタガハジメテデスネ」

「いやはや、ありがとう」

どうやら僕がこのトルコ軍占領地域に入った初めての日本人らしい。思わずガッツポーズ。

この軍人に色々と質問を投げかけてみた。エルドアン大統領がこの地区を観光客に開放すると数ヶ月前に宣言したあと、いつ頃から受け入れを始めてる？　と聞いてみたら「私はトルコ軍人としてここに一年前から駐屯している。携帯は持てないか

グリーンラインではなかったが国連キプロス平和維持軍らしき建物が存在していた

ら外の話は全くわからないなぁ」という旨の話をしていた。「世論に惑はす政治に拘はらす」（軍人勅諭）といった所であろうか。

兎にも角にも先陣を切って入れたのは大きい。コロナ禍で旅行者がほぼいないのも幸いした。コロナウイルスありがとう。本当にギリシャ人ごめん。

夜も更けこの占領地域ともお別れする時が来た。このヴァローシャ地区は綺麗な海に面しており、トルコ本土に比べて気温も一〇度ほど高く観光資源としての価値は高い。第二次ナゴルノ＝カラバフ戦争での勝利やシリア方面等で存在感を高め続けるトルコ・エルドアン大統領が再開発を強行したのも頷けよう。

この地区を満喫しすぎて無事僕は首都行きの終バスを逃した。新たにホテルを取っても金変わらんしタクるか～と思っていたら、辺境に来た変わったアジア人を面白がったのか、路上で談笑していた北キプロスの警察官らが手招きしてきた。最後の最後に思わぬイベントが発生。

数千年の歴史の中でできたキプロス内の対立は一朝一夕には解決しないだろうが、市井の人々の生活が垣間見られて印象的な幕引きであった。

TOYOTAのディーラーショップも存在していた

コラム 限界旅行者が教える（役に立つ）旅行テクニック❶－1

情報収集

旅行中に情報をどう集めるか。地球の歩き方やLonely Planet等の本やブログ等で書かれているのを読んでいくのが基本だと思うが、ここではそこで見つからない情報をどうやって探して把握していくかについて書こうと思う。

情報収集の仕方は探偵というかSNSでの特定作業に似たところがある。多くの情報から手掛かりになりそうな当たりをつけて、そこから目的に向けて情報を収集していく。どこで調べたらより確実性が高く有用な情報が見つかるかは日々の鍛錬と経験のストックによるし、そこから必要な情報を集める作業は力技になることが多い。

◆インターネット

情報収集に手っ取り早いのがインターネットである。だが使いこなせていない人の方が多い。手掛かりも含めたら情報の大半はインターネットに転がっている。これを使いこなさない手はない。

なんなら情勢が不安定な地域に至っては日本のメディア自体が遅れを取っていて、当該案件が起こって数日経ってから報道していることも多々あると思う次第である。

そのため、ロイター通信やCNNの現地特派員が書いている記事を読んだりする。より地域特性を求めるならば中東系メディアや南米メディア、アフリカについて書いているフランス語系メディア、中央アジアならロシア語のメディアなどなど。ここら辺のメディアを追っていくと、日本語だと絶対に手に入らない情報ばかりである。

現地情報を探すのに現地メディアを見る時は「Wikipedia:信頼できる情報源」のページを参照してどれほど確度の高い情報が書かれているのか確認したい。海外メディアといっても日本のコンビニで売っているような三流週刊誌だと情報源としては陰謀論と同じようなものである。

ただ情報に飛ばし記事が含まれていたとしても、速報性に分がある場合もあるのでそこらへんは臨機応変に対応していくとよい。色々ソースをあたってみて一つのメディアしか報道していないようなものはデマだが、複数のソースが語っている場合信頼性が増してくるので、それを元に調査をしていくというのは、僕もよくやっている。

空路での入国だとIATAの「入国／入境条件」のページが役に立つ。このサイトはリアルタイムで更新しており正確性がかなり高い。コロナが流行ってた時あまりにも複雑な入国要件を把握するのに非常に役に立った。空港職員や入国審査官よりも正確なので、情報を把握して交渉するのによく使った。

3 サウジアラビアでゲイにレイプされかけた時の話

サウジアラビアという国がある。一般的な認知度だと、石油をたくさん持っている国だとかイスラーム教の聖地メッカがあるといったところであろう。この国は長年鎖国していた。そして旅人の中でも入るのが難しい国ランキングトップ五の常連であり、多くの旅人が渡航を熱望していたが叶わなかった。

ただ、鎖国といっても日本の江戸時代のように全く入る方法がないわけではなかった。一つはイスラーム教徒の巡礼者として入国すること。二つ目は外交官や石油商人等の派遣で訪れること。三つ目はサウジの王族と友人になり、特別にインビテーションレターを発行してもらいビザを取得すること。あとは考古学チームに大金を払ってチームメンバーの一員のふりをして入国するなど、旅人たちはあの手この手で入国を試みていた。

一つ目と二つ目はやるつもりがなかったので三つ目のサウジ王族の知り合いを探していたら、友達に一人、〝サウジ王族の知り合い〟がいるやつがいた。そこでツテを作ろうとしたのだが、すぐに「金持ちしか興味がない」と言われてしまった。ではいくらからが金持ちだと聞いたら一〇〇億円以上（！）とのこと。さすが石油王。これは普通に別の方法しかないなと諦めていた矢先のビザ突如解禁である。青天の霹靂である。

戦場や未承認国家とかは行って死ぬ確率が高いだけで渡航しようと思えば渡航できる。ただサウジアラビアはちょっと毛色が違っていた。数十年の鎖国を経てのビザ解禁。この出来事は旅人たちに衝撃を与えた。

ビザは電子ビザ形式であった。値段は三〇〇サウジアラビア・リヤルで当時の九〇〇〇円弱であった。アラブ圏特有の父称を入力する欄があったりと、申請フォームが少し特有だった。（※父称…アラブ圏などに見られる名前の一形態。日本でいうような苗字がなく、父親の名前と祖父の名前をつなげて記すことで苗字の代わりとなる）

ビザはあっさり取得できた。今まで鎖国していた国とは思えないスムーズさだった。こうして大学の研究室をブッチしてサウジアラビアへと飛んだ。

サウジアラビア入国

サウジアラビアに入国できるといっても、ニュースで見るサウジはまだイスラーム教国家の中でも厳格な原理主義の国だった。昔の記録を見ていると酒やエロ本がダメなのはもちろんのこと、醸造された醬油なども取り締まりの対象であった。

いつもなら醬油のボトルを一瓶持って旅行していたが、今回は買うのをやめ、財布の中のコンドーム等もないことをきっちり確認し、リュックの中も念入りにあらためていった。酒好きであった僕だがほんの二週間ほどお預けである。

サウジアラビアへの直行便はなかったので、選択肢は中東経由かフィリピン経由だった。この時はフィリピン経由にした。

フィリピンの空港で乗り換えてサウジに行く便は、僕以外はメイドや出稼ぎ労働者ばかりで、観光ビザで入る人は皆無であった。そのせいか、飛行機に乗る際に係員が「このビザって有効なの?」と問いただしてきた。「一週間前からできた」と言ったら訝しげに上に問い合わせ出した。初めて見る外国人観光客だったらしい。

搭乗時間ギリギリになってようやく確認が取れて乗ることができたが、マイナーすぎて対応が整っておらずハラハラする展開であった。

飛行機の中は想定外にも酒が飲めた。え？　マジ？　と思っていたらサウジアラビアの領空に入った途端機内アナウンスで「酒類の提供はこれにて終わります」とのこと。領空に入るまでは問題ないらしい。帰りの便でも同じ対応であった。他のイスラーム諸国でここまで徹底していたことはこの先にもなかった。さすがサウジアラビアであった。

サウジアラビアの地に着き、タラップから降りて写真を撮っていたら撮影禁止だと怒られた。この一連の対応には〝独裁がきつかった頃のウズベキスタン〟みたいじゃねえかと少々ビビりながら入国審査場につくと、その審査官は全員女性だった。まじかよ！

この渡航より少し前までは女性の自動車の運転まで違法だった国である。まさかの女性の社会進出具合を初っ端から目の当たりにして面食らった。これは思ったより緩いぞと思ったがその通りで、外国人観光客の私の手荷物検査は一切なくあっさり入国できてしまった。まだ全員が慣れていないだけで、政府としては本気で観光を推進しているようであった。

空港でＳＩＭカードも通常のように買え、空港からもUber

超高層ビルがたくさんある

が使えた。しかもこれがかなり安かった。予約したホテルまで三〇キロほどあったが一〇〇〇円強である。石油国家つえええええ。

一応要人向けに五つ星ホテルはあったが、まだこの頃のサウジアラビアには今ほどちゃんとした外国人向けのホテルが存在していなかった。

着いたホテルは普通のホテルで、エリアとしてはインド、パキスタン人労働者が多く住む地域であった。どうやらこの印僑、パ僑が多いのは湾岸諸国と一緒のようである。ホテルの従業員もビザの存在を知らず戸惑っていたが、治安があんまり良くないから気をつけたほうがいいよと慮ってくれた。

サウジアラビアは猛烈に暑かった。リヤドは砂漠の中にある首都である。日本は一〇月で涼しい日も出てきている頃だったが、そこから砂漠のど真ん中に飛ばされるとかなり暑い。気温は三九度ほどだったが、湿度が低すぎて肌から水分が全て持っていかれて皮膚が乾燥する。

数日してから知ったことだが、現地人も暑いと思っているらしく、昼間はあまり活動せず昼寝するなど室内にこもっているようである。博物館やショッピングモールの開館時間が一六時からで、閉まるのが二十三時とか二五時であった。逆に昼間は閉まっており、いつもの感覚で昼間に歩き回ると店が空いておらずただただ暑いだけという具合であった。

世界遺産のディルイーヤの遺跡を見にリヤド郊外に行った。今では整備されたと聞いたが、当時はまだ観光客受け入れのための修復工事が進行中で、現地人観光客もほぼいなかった。人がいない場所を旅行する方が好きなのでこれ幸いである。入場してぐるぐる回っていった。

ここは第一次サウード王国が本拠地としていた当時の首都である。ほんの二〇〇年前の遺跡だが日干しレンガで作られた王宮や旧市街は想像するアラブ世界の建物といった感じで非常に感銘を受けた。サウジアラビアの観光ポテンシャルの高さを実感する。

他にも有名なヘグラ遺跡があったがまだ修復工事中で入れなかった。早すぎる開国に、受け入れ体制の方が間に合ってなかったようである。

石油施設・ラクダ実食

リヤドから鉄道で東の方に向かう。イエメン内戦に介入しているサウジアラビアへの報復として、イエメンのフーシ派がドローン攻撃をしたサウジアラムコの石油施設を見てみたかった

ディルイーヤの遺跡

からだ。ここアブカイクでは世界の五％の石油が産出される。

鉄道内で先ほどバザールで買った現地人の被り物・クフィーヤを被ろうとしたが、巻き方がいまいちわからない。手をこまねいていたところ、隣に座っていたアラブ人が手伝ってくれた。それをきっかけに色々話していると、なんと親戚がサウジアラムコで働いているから交渉してあげようと申し出てくれた。

お言葉に甘えることにした。彼は車でわざわざ送ってくれて交渉してくれたが、残念ながらテロ攻撃のあとであり厳戒態勢を敷いていて施設の中には入れなかった。

意気消沈しつつも、次の鉄道便まで暇だったのでフラフラこの街を見ていたらレストランがあった。そこでご飯を食べようと思っていたら奥から現地人が手招きしてきた。話を聞いてみると、今食べているのはラクダとのこと。これは食べるしかない！　早速同じメニューを注文した。

その時のご飯が大変美味しかった。今まで犬からカンガルー、ワニまで旅行しながら色々なゲテモノや珍しい食材を食べてきたが、トップレベルの美味しさである。多少ジビエ的なクセ

親切なアラブ人と記念撮影

はあるものの、味は濃いめの豚の角煮である。この脂身とご飯が混ざり合って濃厚な味になっていた。油田は見られなかったものの怪我の功名というべきか。いい食体験ができた。

食べ終わって小一時間ほど経った頃、鉄道の時刻がきたので駅に移動し、さらに東にあるバーレーンの玄関口・ダンマームという都市に向かった。酒好きのサウジアラビア人が車で酒を飲みに行く場所である。

鉄道内は座席はあるものの後ろの方が開放スペースになっている。床に絨毯が敷かれていて地べたで足を伸ばせるようになっていた。自由席で地べたに座るのはまだわかるが、こんなフェリーのようなスペースがあるのは初めてであったので驚いた。

到着したダンマームの街は大きかったものの、大して見るものはなかったので、次の日の便のチケットを予約してサクッと市内観光してからシーシャ屋に駆け込んだ。

まずその日は朝早く起きてサウジアラビア東部の街ダンマー

初のラクダ肉

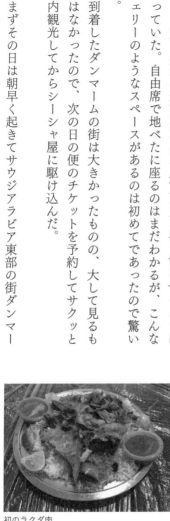

ムから飛行機に乗ってイエメン近くの街アブハーに来ていた。どちらかというとこの街はイエメンと歴史的繋がりが深く、風景が他の都市と異なっていた。古きアラブが見られたらいいな、イエメンのサヌアに入ったら死ぬけどここならたまにミサイル飛んでくるぐらいだし面白そうだな～って感じで来たわけである。

ホテルが空港から一五キロぐらいだったから歩いていこっと、と気軽な感じで歩き始める。喉が渇いたのでスーパー探すか～とGoogleマップを見てたら事件が勃発した。

道端の駐車場に一台の車が止まっていた。歩いていると手を振ってくる。日本人は珍しいし、こういう交流をしに旅行しているところもあるので、こちらも振り返した。すると手招きしてくる。

こういうことはたまにある。そのままありがとうという感じで大きめに手を振る。それでもさらに振ってくる。そしてより激しく手招きしてきた。リヤドでは手招きされてついていったら、招待されてピクニックで現地飯をご馳走になったこともあるので近づいてみることにした。

その彼に近づいてハイタッチ。アラビア語で挨拶を交わすとその手を摑んでキス。おぉ～？アラブ圏でも欧米みたいな挨拶ってあるんやなぁ。

そのまま彼は車に乗れと合図した。ホテルまではまだ四キロほど。最初は断っていたが親切そうな人である。大体の場所を教えるとわかったから送ってやるよとのこと。サウジアラビアはなんだかんだめちゃくちゃ暑い。歩ける距離ではあったがまぁこういった知らない人に誘われるイベントは絶対についていくスタンスである。ありがたく申し出を受けた。

相手のエスコートするままに助手席に乗り込むと車は走り出した。目的地とは逆方向に。

おいおいちょっと待て待て待て。慌てて方角が違うと伝える。まぁいいじゃないかと梨の礫。うーんと思いながら面白いイベントが起こるならいいかと思い直した。アラブ圏の観光客がいない地域だと、あまりにも外国人が珍しいので引っ張りたくなる気持ちはわからんでもない。

するとすぐにコトは起こった。運転しながらその男は右手で俺の手を摑んでチュッとしたかと思ったらおもむろにその摑んだ手を股間の方に持っていった。一瞬のことで何が起きたかわからず生暖かいモノを握ってしまった。

おいおいおいおい！

男は満足そうな表情を浮かべている。ここで状況を理解した。これあかんやつや。

時速は一〇〇キロ近く出ていたが手を振り解いて「おい、お前なにしとんじゃぼけえええええ」と絶叫して車から降ろすように要求する。男は無視した。

あかんなこれ。ここまでくると頭は完全に冷静である。サウジアラビアはもうすでに勧善懲悪委員会の勢力はメッカとメディナに押し込められたとは聞いていたが、少し前まで鎖国していたこの独裁国家ではサウジアラビア人と外国人が裁判沙汰になったら確実に外国人に不利な裁決が出る。

数年前までエロ本を持ち込んだ日本の商社マンが国外退去処分をくらっていたり、コンドームを持っていたフィリピン人家政婦が逮捕・家宅捜索をされたりしていた国である。このままレイプされたら被害者の俺がむしろ性加害容疑でイスラーム法で裁かれるリスクがある。まじであかん。イスラーム原理主義国家で同性愛は最悪死刑判決が出かねない。

相手がそういう態度なら腹を括るしかない。ここから飛び降りてやるぞと高速巡航する車の扉を無理やり開けた。一〇〇キロで飛び降りたら生きられるかは一か八かやな。でも確定死刑よりは万が一にかけたほうがいい。

その時の形相を見てこいつは本気だと悟ったのか、それとも扉を破壊されたくなかったのか、車は時速一〇～二〇キロほどまで急減速した。ここしかないと思って飛び降りた。

少し滑って手をついたが死刑に比べたら大したことはない。そのまま走り出す。今体力測定したら高得点出るぞこれ。

後ろで何か叫んでいる声が聞こえたがガン無視で距離をとった。走って追いかけてきているようだが、全然足は遅かった。そりゃ石油が無料で手に入りずっと車移動で運動していない怠惰なアラブ人に足の速さで負けるはずはない。車で追われたら逃げきれないので建物を障害物に使い塀を飛び越え着実に安全を確保した。

それにしてもアラブ人の生イチモツを触ったわけだが、小さかったな。国別のペニスの大きさランキングみたいなまとめを話半分で見たことがあったが本当だった。死刑回避したおかげでこのくらいのブラックジョークを思い出すぐらいの余裕が出てきた。

この時にX（旧Twitter）にて被害報告したところそのツイートがバズった。

また、僕が渡航したあとに一〇〇人ほどの浦和レッズのサポーターがサウジのチームとの試合で遠征してきており、その時に渡航した人から次々に被害報告を受けた。どうやらたまたま起きたというよりは一定確率で起きる被害のようだった。

同じイスラーム圏のパキスタンやアフガニスタンだと少年愛の風習が残っているため似たような事例があることは把握していたのだが、鎖国をしていたサウジアラビアでもそんなことが起きるとは知らなかった。やはり情報が世に出ていないと事前の対処が難しい問題であった。

日本人を含めてアジア人の顔は幼く見えるし、一応髭をたくわえて渡航したがそれでもダメだったようだ。これ以降イスラーム圏に渡航する時は、さらに長いひげと長い髪で見た目を老けさせるような努力をするようになった。

　最近のサウジアラビアはだいぶ世俗化していて、当時入国した時の体感とは大違いである。ムハンマド皇太子は独裁者だといわれているが、これは開発独裁の一つだろうと考えられる。サウジアラビアはアラビア半島の雄として他の湾岸富裕国家に負けるのはプライドが許さないのだろう。

　このままいくと改革開放による資本主義化、世俗化が進み、最終的には女性のヒジャブ着用もなくなったり飲酒が許可されたりするトルコのようなイスラーム国家になると個人的には考えている。一〇〜二〇年後に答え合わせができたら面白い。

どうしても幼く見えてしまう

アル・タイバト博物館

コラム　限界旅行者が教える（ナットクの）旅行テクニック❶-2

情報収集2

◆位置情報

今の時代スマホをまともに持っていないのは北センチネル島の住人ぐらいではないか。それくらいどの場所でもスマホが普及している。あまりに貧困だと所持率が下がることはあるがどこにでもある。そしてそうすると記録が色々なところで確認できる。

一つはGoogleマップ。通過できるかわからない国境検問所のレビューを読むと、閉まっているかとかが確認できたりする。通過できるとかアライバルビザが取得可能かとかも書かれていることがある。またその記述がなくともコメントが最近ついていれば稼働している可能性が高いなどといった推定ができたりする。

これはインスタでも同様で、インスタの位置情報検索で誰かがその場所の投稿をしていたら、その場所に行くなんらかの方法があるということがわかる。これすらもわからない状況からすると、一筋の光が差し込むとはこのことである。

◆SNS

私はツイッター廃人と呼ばれるような属性で、情報源を海外のアカウントやメディアからの情報に頼っているところがかなりあるが、世界的に見て、インスタやYoutube、最近だとTikTokなども多くの国、地域で使われているため、情報を探す時に見るようにしている。

TikTokは現地人が空爆や事件があった時に気軽に投稿するプラットホームとしてよく使われている節があり、リアルタイムで情報に接しなければいけないような情勢下において多大な効果を発揮する。

◆足で稼ぐ

これは力技であるが応用の効く方法である。ある国に入りたいが、その国に入る方法が確立されていない場合がある。そんな時によく使うのが力技である。

例えば、行けるかわからないし、ネット上に情報が全くない場合でも、大使館はある場合がある。大使館は外交や自国のアピールを司る場所であるので、それならば実際に赴いてみて、中の職員に渡航可能かどうかを聞いてみるというのが一つの手である。場所によっては渡航自体は可能なのに大使館職員もその制度やシステムを理解しておらず、聞いても梨の礫というパターンもあるので他の方法と併用するといい。

大使館が動いていなくても片っ端からメールや電話などで連絡を取ってみてアタックをかけるというのも一つの手だ。これで当たりを引ければその大使館がある国に飛べばいい話である。

大使館職員はその国の代表者として来ているため、最初はめんどくさいなという対応を取られることもあるが、こちらがその国に興味があって必死なのを見るとだんだん優しくなってくることが多い気がする。

4

イラクでチャリ爆走してたらシーア派の高位ウラマーに謁見したりテレビ出演することになった話

イラクへの渡航に際しては外務省といろいろゴタゴタがあったが、結局僕はイラク旅行を強行することにした。

外務省からは何回も渡航中止勧告を受けた。両親からも祖母からも電話がガンガン飛んできた。外務省のやったことは仕事だし正しいのは否定しない。でも僕は好奇心に抗えなかった。ただ僕はどこぞのフリージャーナリストのような、紛争地帯の真実を届ける責務があるんだ！みたいな高尚な正義感は持ち合わせてない。

好奇心は全てに勝る。どの分野においても僕は自分の知らない世界に到達できることに至高の喜びを感じてしまう。よく言えばフロンティア精神に溢れてるし、悪く言えば自制できないただの馬鹿だ。

シーア派の聖地カルバラへ

その日僕はカルバラに向かっていた。シーア派の聖地である。バグダッドからだと直接行くバスも電車も存在しないので交通手段は乗り合いタクシーと呼ばれるやつである。そもそも電車もバグダッドからバスラまでの寝台列車が週に三本あるのみなので、筋金入りの車社会である。（というより長年の戦争と紛争でインフラが破壊され尽くしているだけなのだが）

タクシー乗り場に着くとあちこちから地名を絶叫する声が聞こえてくる。四人同じ目的地に向かう者を集めたら出発できるから運転手も必死である。

「カルバラ！　カルバラ！　カルバラ！　カルバラ！」そう叫ぶ方向に向かっていく。途中「プライベートタクシーでどう？」という茶々が入る。そんな快適そうなのは面白くないので無視して進んでいく。路線バスすらなくて乗り合いタクシーで旅行するなんて経験、初めてだからだ。

早速値段交渉の始まりである。事前にホテルのスタッフや現地人に値段の相場は聞いておいたので、外国人価格で吹っかけてくるタクシーはガン無視していく。日本人が珍しすぎて野次馬も含めてワラワラと集まってきた。こうなったらしめたものである。

相場の料金じゃないと乗らないから！　と宣言すると周りのタクシー運転手が額を言ってくる。お互い先に人数を集めて出発するのが得策であるのでどんどん安い値段を提示してきた。結局ロードバイクを積み込むということで相場の一・三倍の額になった。まぁ妥当である。

初めての乗り合いタクシーでとてもワクワクしたし、値段交渉もうまくいき満足であった。既に僕含めて三人集まっていたので残り一人を待っていると同乗者のイラク人がお菓子をくれた。さすがこういうところは人をもてなすのが好きなアラブ人らしい。

一〇分ほどしてもう一人も集まり無事出発となった。ここからは検問地獄である。主要都市に出入りできる道路には全部イラク軍の検問が存在している。出る時は比較的緩いが入る時はかなり時間がかかる。結局カルバラに行くまでの道のりで五つのチェックポイントを通過した。

幹線道路沿いの光景

そのうち三回はパスポートを提示してくれと言われ、日本人ということで上層部へと報告されるか照会がかけられた。

最初は訝しんでいたイラク軍人たちもアラビア語で自己紹介をし挨拶するとニコニコ笑って「席座りな、チャイ飲む？」と大歓迎である。無事確認が終わると恒例の撮影タイムとなった。

こうして二時間ほど車に乗っているとカルバラが見えてきた。タクシーがカルバラに入ったあと、目的地のホテルの目の前で降ろして欲しかったが検問所があり、Googleマップ通りには行けずかなり迂回した。目的地からどんどん離れていきタクシーの運ちゃんの機嫌が悪くなってくる。

せっかく日本人として仲良くなったのにここで関係を悪くしても勿体ないので、街の様子をぶらぶら見ながらホテルまで行けばいいやと諦めてタクシーを降りた。

着いた場所と目的地のホテルは一・五キロほど離れており、ロードバイクを担いでその距離を歩くのはさすがにしんどい。

アラブ圏に溶け込む為に3ヶ月かけて髭を伸ばした

歩道で組み立てていると巡礼終わりのシーア派の人たちがワラワラと集まってきた。サウジアラビア等のスンニ派とはまた違った風貌である。

異質な日本人がこれまた珍しいロードバイクを組み立てる光景。次々に話しかけられ僕が話せる範囲でアラビア語で自己紹介とこれまでの行程を話すと「おい、日本人がバグダッドから来たぞ、しかもなんか見たことない自転車持ってるぞ」と近くにいる人たちに触れ回る。もうこのお約束の展開には慣れていたが、なにせここイラク中南部は暑い。さっさと切り上げてホテルに行きたかった。いつも通りの写真撮影大会を済ましお暇する。すまんな。気温三五度で長時間滞在はきついんだ。

タクシーが入れなかった区画をチャリに乗って通過する。ここでも日本人が来たぞということで警察官と軍人との撮影大会である。基本的にどこの国でも軍人と警察官の撮影はご法度であるが、イラクではあっちから求めてくるので撮影し放題で、ある意味天国である。

無事に区画内に入りGoogleマップの経路表示機能が役に立つようになる。ところがロードバイクに乗っていても工事区間や

バグダッド市内にて制帽を貸してくれたイラク軍人

歩行者天国みたいな区画が多く、少し乗っては歩くを繰り返した。

経路表示の半分を過ぎた頃、聖廟近くにさしかかると検問があった。自転車を引いて通行しようとすると、ここは通れない、こっちから行けと言われた。

結局Googleマップの経路表示は大して役に立たず、回り道をして倍の三キロぐらいの道のりとなった。これなら大通りに出てチャリを漕いだ方がいいやと、歩行者天国地帯を抜けてチャリに乗る。

運命の出会い

ようやくホテルまで五〇〇メートルぐらいのところに辿り着き、検問所を抜けようとしたらまたいつも通り話しかけられた。荷物で肩が痛かったので正直早めに終えたいなぁと若干顔を引き攣らせながら写真撮影に応じていると、少し英語が話せる二人組がいた。兄弟らしい。

「今日はどうしたんだい？」

「今ホテルに向かってるところですね」

「え、そうなの？　俺ホテル持ってるからそんなところ泊まらずに俺のところ来なよ。聖廟見に来たんでしょ？　案内してあげるよ。無料だよ」

頭の中がクエスチョンマークで溢れる。

「俺ホテル所有してるから泊めてあげる」？？？

旅行しまくっているとわかるが、こういうウマい話は大抵詐欺である。トルコのぼったくりに遭遇した時は有刺鉄線を乗り越える逃走劇を繰り広げたし、ベトナムでは日本人の半グレ詐欺グループのぼったくりを上手く切り抜けたらその詐欺師にスカウトされたこともある。って感じで警戒心ＭＡＸになりながらも「この人についていってもネタとしては面白そうだな～」という悪い考えが浮かんでしまった。

検問所のイラク軍人も「そうしなよ、彼は優しいし色々手助けしてくれるよ」と唆してくる。その時点でイラク滞在四日目だった。見た目が異分子でしかない極東の人間である私にイラクの軍人や警察官は最初は警戒心をもって話しかけてくるが、それは仕事柄そうなのであって、挨拶や自己紹介をしたあとは熱烈歓迎の至れり尽くせりだし、他国の腐敗した役人とは違って信用してもいいかなと思えていた。

ホテル所有者（真ん中奥）とこのあと世話になる連れの兄貴（左から2番目）

まぁ仮にこの人が詐欺師だとしても、こんな数百メートル間隔で武装した軍人がいるのである意味安全な場所とも言えるし、最悪どこかに駆け込んで助けを求めれば逃げ切れるしネタとしてはオイシイか。限界旅行ツイッタラーの血が騒いでしまった。

その二人組についていくと、どうやら聖廟周辺の検問所を通らないと出入りできないエリアである。あれれ、これ本当に無料で泊まれるやつかよ。

「ここが俺のホテルだよ」と案内されたところはすごく綺麗なホテルであった。兄貴の方がホテルのオーナーらしい。思わず変な声が出る。シーア派の巡礼者たちが出入りしているロビーでチェックイン手続きを待っていると

「チャイ飲む？　疲れたでしょ。お腹空いてるだろうし聖廟見に行くでしょ？　荷物置いて一息ついたら連れていってあげるから落ち着いたらまた声かけてね」

案内された部屋も屋根裏部屋とかではなく普通の客室である。淹れてもらった中東特有の激甘チャイを啜りながらよくわからなくなってきた。

ホテルを使ったぼったくりなら女を寄越して美人局からの警察やマフィアが流れ込んでくるパターンか、チャイに睡眠薬盛られて昏睡強盗なんだろうけどその気配は微塵もない。

　昼ご飯がまだでお腹が空いていたので「ちょっと外でご飯食べてきますわ～」と言ったら「観光する？　少し支度するから五分だけ待ってて」と言われた。弟のアハマドが戻ってくると一緒に街中を歩くことになった。まだこの時点では半信半疑であったが、聖廟を見に行くのは現地人がいた方が面倒ごとが少ないだろうなと思い、ありがたく同伴してもらうことにした。

　ホテルを出て目の前にあるチャイの屋台でとりあえず一杯頂く。その間になぜかカレーを持ってきた。

「これは巡礼者に無料で配られてるご飯だよ」

　このカレーが美味しくて結局三杯食べた。腹拵えを終えたあと、チャイ飲まない？　と聞かれ飲みたいと答えたら奢ってもらってしまった。シュクランシュクラン（ありがとうありがとう）

巡礼者は無料でこのカレーを食べられる。このカレーがとても美味しかった

イラクで一般的なチャイの屋台

と感謝しながら激甘チャイを飲む。元々甘い物は好きではないのだが、どこへ行っても出てくるので段々慣れてきて美味しいと思い始めていた。猫舌なのでハフハフしながら頑張って飲み干し聖地に向かう。

聖地の中へ

検問所にさしかかりボディーチェックを受ける。同伴者のアハマドが「彼は日本人だし大丈夫だよ」と言うとチラッとスマホや財布に目をやっただけであっさり通される。

聖廟まで続く商店街は多くの巡礼者でにぎわっていた。さっきカレー三杯食べたばっかりだが、まだお腹が空いていたからケバブでも買おうとしたら、財布を出そうとした手をアハマドが止めてきた。奢られた時に申し訳なさそうな顔をする女の子の気持ちになった。

ここカルバラには二つの大きな聖廟がある。シーア派第三代イマームであるイマーム・フセインと、異母兄弟であるアッバース

モスクまでの道に並ぶ商店街

を祀ったお墓、聖廟及びモスクが存在している。イスラーム教って偶像崇拝ダメなんじゃないの？　と思う方がいるだろうが、シーア派はかなりゆるく、街中にこの二人の英雄の肖像画が掲げてあるのをイラク国内だとよく目にする。

まずはホテルに近かったアッバース聖廟の方に向かった。モスクをぐるっと回りアラビックタイルで彩られたモスクを堪能した。そしたらアハマドが中に入ろうと提案してきた。

僕はイスラーム教徒ではないのでよほど観光地化されたモスクでなければ入れないのは知っていた。

サウジアラビアに渡航した時も、結局メッカとメディナでは聖地はおろか都市にすら入れなかった。これはイスラーム世界では至って普通で、逆にクルアーンの開端章を暗唱しイスラーム教徒の証明書を得れば簡単に入れる。しかしイスラーム教に入信したあとの棄教は死罪である。過去に欧米の冒険者たちがイスラーム教徒であると

アッバース聖廟

偽って入境した記録は存在するが、あまりに冒瀆的なので大人しく観られる範囲で観光していた。

というようなことを考えていると、アハマドはスタスタと歩き出しモスク前の広場で靴を脱いで入り口にいる警備員に話しかけ始めた。

「彼は日本人でイスラーム教徒ではないんだけど、自転車でカルバラまで遠路はるばる来たんだ。彼にモスク内を見学させてやって欲しい」

……いや俺、バグダッドからは普通に乗り合いタクシーに乗ってきたんだけどな。

カルバラ市内を自転車で走っていたのを見て勘違いしているらしい。まぁこのタイミングで切り出しづらいのでその通りだという顔をしながら自己紹介と今日の行程をカタコトのアラビア語で伝えた。そのスタッフは僕には権限がないから上の人に聞いてくれと別の場所を指し示した。

指示通りに進むと、受付のような場所があったので先ほど話したことを繰り返す。

「非イスラーム教徒か……、普通は当然ダメなんだけどそこまで言われるとちょっと上の人に聞いてみないとわからないな……、少し待っててね電話するから」

そう答えると僕ににっこり笑いかけた。遠路はるばる珍しい日本人がチャリで来たというインパクトは大きかったらしい。

まさかの立ち入り許可

待っている間に日は沈んだ。

「上に聞いたら今回モスク内の立ち入り許可するって」

やったあああああ！　まさかのまさかの聖廟内立ち入り許可獲得である。微塵も内部見学できるとは思っていなかったので驚きつつ感謝しきりであった。受付の責任者の人に感謝の旨を伝えると「楽しんできてね」と微笑んでくれた。

意外とあっさり許可が下り、なんでも交渉してみるもんやなぁと思いながら

「いや、これ俺一人で来てたら絶対許可下りない。今日は本当にありがとうございました」

アハマドにお礼を言った。この時点でもうこの人が詐欺師だという疑いは消えていた。詐欺師にしては親切すぎる。もしこれも詐欺の一環だとしたら喜んでお金払わせていただきます！

ウキウキしながらまた元の入り口にいる警備員のところに戻ると、無線で話が通っていたの

聖廟内の撮影許可を得る為に交渉してた時の様子

かあっさりモスク内への入場を許される。キリスト教の教会と違ってモスクは結構入りづらいのだ。サウジアラビアみたいな国は勿論のこと、トルコみたいな世俗国家でも観光地化された場所以外に入ろうとすると拒否されることが非常に多い。それがまさかのシーア派の一大聖地への入場許可が出たのである。

この時は、これがこれから始まる幸運の連続の始まりだとは思いもしなかった。

モスクの入り口をくぐる。眩いばかりのアラビックタイル。あゝ外務省の渡航中止勧告無視して旅行を強行した分の元は十二分にとれたなぁ。聖廟内は荘厳すぎて言葉では言い表せない。

モスク内の博物館にはサダーム・フセイン時代に聖地が弾圧された時の負の遺産が残されていた。（サダーム・フ

モスク入り口のアラビックタイル

砲弾が着弾し大きく損傷した屋根の一部

セインはスンニ派であり、このカルバラを含むシーア派は弾圧されていた）

聖廟内を一通りぐるっと回ると連れの兄貴がこの聖廟の一番重要な場所を観に行こうと言ってきた。そう、アッバースの眠る霊廟部分である。

交渉に移るとさすがにこの聖廟内部は非ムスリムの入場は認められないとのこと。

「ただ、わざわざ来てもらって申し訳ないから、本来禁止ですが外からなら撮影を許可します」

そもそもモスク内に入れること自体想定してなかったので万々歳である。何から何まで許可が下りるので楽しくなってきた。ありがたく撮影させていただく。

アッバースの聖廟、本来撮影禁止なので現地人が撮影しようとすると緑の羽根でブロックされる

イマーム・フセイン聖廟へ

さて先ほども述べた通りここカルバラの聖廟は二つある。つまり、前半戦がようやく終わったところである。アッバース聖廟を無事見終えた僕らがモスクを出るとちょうど日が沈んでい

て、ライトアップがとても綺麗だった。

モスク間の道を裸足で歩いていくと、日中三五度で加熱された石畳が適度に熱を放ち、足裏にはとても心地よかった。

さすが聖地だけあって巡礼者たちは伝統的な正装をしていた。若い男性だとジーパンを履いて、あとはラフな格好をしている人もいる。普通だなと思っていたら熱心にお祈りを始めたりもするので我々日本人とはだいぶ感覚が違う。

先ほどと同じように交渉を始めたが、こっちの聖廟はかなり手強かった。六〜七人の間をたらい回しにされモスクの周囲を行ったり来たりする。最終的にウラマー（イスラームの学識者）っぽい人が気だるそうに「今日はもう礼拝の時間だし無理かな。明日の朝九時ぐらいの人が少ない時だったらギリギリ大丈夫」とのこと。交渉するだけでこの時点で三〇〜四〇分も費やしていた。

まぁ次の日入れるならいいやと思い、心地よい疲れと共に今日の奇跡の余韻に浸りながらホテルに帰った。

日本VSイラク

ホテルに帰ると恒例のチャイである。俺が熱がりながらチャイのショットグラスを持つのを躊躇ってると、現地人は当たり前かのように飲んでいく。あー人間の適応能力ってすげえな、このグラスはすごく熱いのに指先も舌先も熱さを感じてないやこいつら。必死でふーふー冷ましながら思った。

今日は友達が来るから一緒にご飯食べようとホテルオーナーの兄貴に言われた。

他の友人たちを待ちながらチャイを飲んだり兄貴の子供たちと戯れていた。イスラーム教国家だと女性と話すのはご法度なのだが、子供は問題ない。純粋無垢なる子供はいついかなる時も普遍的にかわいい。

すると友人と思しき人たちとその家族が続々と集まってきた。ある程度集まったところで夕飯の時間である。数十人の大規模会食になるなぁと思っていたが、席は男女別々だった。子供は母親の近くに座ったので、男どもの席は一〇人ほどとなった。やっぱり食事時でも男女別なんだ。

飯を食べながら話しているとその中の一人が言った。

「ヘロインとSEXはやりたいか？」

一瞬ひるみ、変な空気が流れる。まずヘロイン。イラクの隣の隣のアフガニスタンは世界最大級の麻薬の生産地だ。隣国イランの麻薬中毒者は人口の三～八％ともいわれている。そしてここイラクはヨーロッパとイラン・アフガニスタンの真ん中にある国だ。当然麻薬の密輸ルートがあるし薬物が出回っていてもおかしくない。

そしてSEXの誘い。これはゲイSEXに誘われているのか？　もしくは売春を勧められている？　どちらにせよイスラーム法で死罪になりうる禁忌である。サウジアラビアでレイプされかけた記憶が蘇る。

結局見かねた兄貴が「そんなに本気になるな。この人冗談言ってるだけだって」と笑った。僕自身ネタになるならいいやと覚悟はしていたがどうやらイラクブラックジョークだったらしく安心した。サウジでの一件を話すと一同大爆笑していた。どうやらお尻の貞操は守られたらしい。

厳格なイスラーム教国家だと親が決めた相手と結婚しなければならない。部族社会というコミュニティの中で自分が同性愛者だなどと言えるはずもなく、異教徒なら何をしてもいいということで凶行に及ぶことが多々ある。レイプされた方が被害者側だとしても、外国人という時点で裁判にかけられたら不利なこと間違いないので解決方法は〝逃げる〟ただ一つである。

そうこうしていると遅れて一人の男がやってきた。兄貴の友達の一人らしい。

こいつが曲者だった。イラク警察に勤めているらしいが非常にタチが悪い。ブラックジョークがどぎつく最初は何を言っているのか理解不能だったが、どうやらずっとからかっているらしい。最新のiPhoneを持ってるし、携行してる拳銃はグロックの最新モデルだ。いやどっからそのブツ手に入れてくんねん。

挙句の果てに「勝負しよう！　日本VSイラクだ！」とか言ってきたのでそれなら返り討ちにしたるわ！　と引き受けたら速攻でグロックの銃口を向けてきた。本当にタチが悪く、引き金に指を当てている。いや警察としてどうなのよお前、銃向けるジョークまでは許せてもトリガーに指置くのは銃扱う者の風上にも置けないだろ。

ブチ切れながらも撃たれたらたまったもんじゃないので大人しく後ろを向き、首の後ろに手をやり、そして地面に伏せた。あー麻薬カルテルが軍警察に制圧されてる時ってこんな感じだよなぁ……。

そいつは本当にクズだったので、調子こいて背骨あたりに膝を当ててゴリゴリやってきた。あまりに頭にきたので思わず舌打ちしてしまった。

不機嫌になりながら、もうそいつの言葉を一切無視する。そしたら飽きたのか今度はこのホテルのオーナーである兄貴と勝負しろと煽ってきた。

こっちの兄貴は本当にいい人だったし戸惑ったが、あっちはやりたそうだったので了承した。その前の雑談で兄貴が対イスラーム国戦に従軍していたことイスラーム国の民兵をぶっ殺したことがあるのは聞いていた。ただ顔はすごい柔和で、俺みたいなよくわからない東洋人を泊めてくれるし、背も僕より小柄で体重も軽そうなので正直舐めていた。

Let's Go!! の掛け声で始まり、一分ぐらい間合いを取ったり駆け引きしたりしていたらいつの間にか自分の身体が持ち上がっていた。そこから抵抗したが、いつの間にかヘッドロックを決められていた。いやマジかよ。俺が自分より小さくて格闘技経験ないやつに組み伏せられるのか……。

ヘッドロックのかけ方は甘かったので降参せずに反撃のチャンスを伺っていたが、向こうの足捌きが上手く離脱できなかった。あーもう無理やなこれと思った所でレフェリーのストップがかかった。俺は負けた。そういやこの人イスラーム国の戦闘員三人殺したことあるって言ってたなぁ、あれ冗談やと思ってたけどどうやらガチっぽいわ……。

格闘技経験のない素人に負けてガッカリしていたら

「俺らは格闘技を習ったことはない、でも戦場で習ったんだ、自然とな」

とニコニコしながら話していた。人殺したことあるやつは強いって本当だったんだ。

カルバラでの奇跡的な一日の余韻に浸りながら、次の日の朝早く起きてもう一つの聖廟を見なければならないのでその日は早めにベッドに向かった。

幸運は続く

次の日の朝、起きて予定時刻に着けるようにホテルのロビーで待っていたが、アハマドは一向に起きてくる気配がない。そもそも日本人以外が時間ぴったしに行動するとは思わないいし、インシャアッラーだなぁと思いながら待った（彼らにとって未来のことは全て神の思し召しなのだ）。チャイを飲みながらアラビア語を勉強しつつ時間を潰していたが、一時間以上経過しても寝ているようなので起こしに行った。

色々手助けしてもらった立場で申し訳ないが、結局予定より二時間遅れで出発することになったのでちょっと不満。この日は元々午前中に聖廟を見て午後には古代バビロニア帝国の遺跡を見ようと考えていたが、この時点でご破産となったからだ。まぁシーア派の一大聖地の内部と見られるし良しとしよう。

イマーム・フセイン聖廟

昨日と同じ道をイマーム・フセイン聖廟まで辿っていく。案の定朝ご飯はケバブとチャイ。

ここで食べたケバブはかなり美味しかった。

腹を満たし満を辞して聖廟に辿り着き係員に話しかけると「今日はようこそお越しくださいました。担当者がご案内しますので少々お待ちください」とのこと。無線で連絡し五分ほど経つと上司らしき人が出てきた。そこでも歓待の言葉を頂いた。

昨日とは打って変わって対応が違う。どうやら聖廟全体に話が通ってるらしい。

「さて、それではこのモスクの最高管理責任者のところに行きましょうかね」

「おん？」思わず変な声が出てしまった。いやはや確かに聖廟への入場許可取るのに上の確認が必要なのはわかるけどさ。一番上まで行っちゃう？？？

僕の聞き間違いかと思ったが案内人はペラペラの英語を話している。宗教関係者で流暢な英語を話すのはこの国の中のエリートである。アラビア語で話しかけられたわけではないのだ。

（裏を返すと優秀な人が宗教関係者になってしまい学術分野に人材が行かないことが問題にもなっている）

言葉通りに聖廟内に入ったかと思うと、メインのモスクや礼拝の広間を素通りしてどんどん進んでいく。あ、これ本当に挨拶回りするやつだ……。

聖廟内に併設されている博物館を抜け柵を越え、関係者以外立ち入り禁止区域へと進むと一番奥に恰幅の良い、いかにもお偉いさんという方が座っていた。

「この人がこのモスクの最高管理責任者です」

求められるがままに握手を交わす。カタコトのアラビア語を交えながら自己紹介していると徐々に実感が湧いてきた。

「イラクには何しにきたの？」

「観光です。ここカルバラの聖廟もそうですし、古代バビロニアの遺跡や人類誕生の地ウルの遺跡などを見にきました」

「素晴らしい、今日は遠路はるばるありがとう。日本人でこの聖廟に来たのは君が初めてだよ」

「初めて？？？？？？？」

「うん初めてですね。悲しいことにそもそもこの国は長年の戦争で観光客が少ないし、たまに訪れる人も基本的にはイギリス人とかドイツ人とかヨーロッパの方ですね。そういうわけで本当に遠いところからこのイラクに来ていただきありがとう」

ただ旅行してただけなのにお偉いさんにご挨拶までさせてもらって感謝するのはむしろこちらである。

「今日は中を見たり撮影したいとのことですが何も問題ありません。It's freeee!!!」

いやはや待ってました。

「本当にありがとうございます。中に特別に入れていただいたのだけでも光栄なのに撮影許可まで頂けるとは」

二つの聖廟で幸運にも内部見学するチャンスを得て余韻に浸っていた。予定は狂ったがこれはいい狂い方である。旅人冥利に尽きる。

館内にある小さな博物館をぐるっと見回すと、基本的に目につくのはオスマン帝国時代の甲冑やらアッバース朝時代の碑文である。その中で一際目を引くのは対イスラーム国戦において敵兵を殺すのに使ったスナイパーライフル。この国のここ数十年の歴史の重みを実感した。

博物館からメインの聖廟内に入って案内されるままに見ていくと、想像以上に巡礼者がいた。どこからの巡礼者が多いのか聞いてみると、やはり同じシーア派住民の多いイランらしい。街を歩いていると、男女別に巡礼者を乗せた観光バスを多々観測したが、あれはどうやらイランかららしい。

聞くところによるとシーア派の最大記念日であり、イマーム・フセインが殉教した日であるアーシューラーにはイラン国境近くからここカルバラまでの沿道が巡礼者で埋め尽されるほど人が集まるとのこと。あれれ？　イラン国境まで数百キロなかったっけ？　アハマド曰くメッカ巡礼者と同じく彼らシーア派の巡礼者もひたすら歩いて移動するらしい。

アハマドは「実家からここカルバラまで九〇～一〇〇キロはあるから、他の家族は数日かかったけど、俺は一日で行ったぜ」と自慢げに話していた。早稲田の一〇〇キロハイクかよ。まるで日本の四国のお遍路さんみたいな話であった。正装して歩いて聖地まで辿り着く人もいれば、集団でバスに乗ってくる者たちもいる。

モスク内を歩いているとウラマーによる綺麗なフスハー（正則アラビア語）が聞こえてくる。僕がアラビア語を習得した時は実用的なアンミーヤに特化したせいで、フスハーの意味をよく汲み取れないのが口惜しい。

モスク内は若干アッバース聖廟より大きいが、対になってるだけあり割と似ていた。モスク内の中心部に聖廟が配置されているのだが、イスラーム教モ

煌びやかな聖廟内部

スクなので男女別になっており、建物全体が線対称になるように仕切りができているのがとても興味深い。

聖典の霹靂

二つの聖廟への特別入場や一連の出来事を経て満足しきった僕であったが、帰り道で聖典が置いてある聖廟近くの小さな本屋が目に止まった。案内してくれた彼に本が欲しいと伝える。

彼はてっきり僕がシーア派の歴史について勉強したいのかと思ったようで、アッバースやフサインの殉教についてやシーア派誕生の歴史等について書かれた本を薦めてきた。まぁそれでも聖地で買った本というだけでありがたいのは間違いないんだけど……と迷っているうちに彼はその本を買ってしまった。

昨日今日と至れり尽くせりで、本まで買ってもらって申し訳なさが極まり恐縮しきりであったが、僕としてはシーア派教徒が読んでるような教典が欲しい。彼の英語力ではあまり僕の願望を理解してくれてなかったので、意を決して禁断の手段をとった。

サウジアラビアに行った時に買ったハディースの写真を彼に見せ、こういった本が欲しいと伝える。ハディースとはスンニ派におけるクルアーンに次ぐ聖典である。しかしシーア派信徒はそれを聖典とは認めていないので本当はあまりよろしくない。

写真を見せると店員の顔が曇った。しかしアハマドが「彼は日本からわざわざ自転車で来たんだ、彼に教えてやってくれよ」と言ってくれた。優しい。そこで店員は少し待つように言うとどこかへ電話をかけ始めた。

一五分ほど経過したあと店員が付いてくるようにと手招きする。アハマドが通訳するには、どうやらモスクの人が色々手解きしてくれることになったらしい。あれ、聖典買おうとしただけなのにまた大袈裟な話になってるぞ？

先ほど特別に入らせてもらった聖廟にもう一度入る。セキュリティのおじさんは昨日から三回目のやりとりなので笑っている。

「また来たか。今度はなんだい？　まぁ入りな」

そのまま本日二回目の聖廟入りを果たし案内人に従ってオフィスらしきところに連れていかれた。彼は少し待っててねと言うと奥に消え、別のスタッフがチャイを振る舞ってくれた。

聖地カルバラで頂いたシーア派の聖典やら歴史の本

チャイを飲み終わる頃、身なりの良いこれまた見るからにお偉いさんが出てきた。ペラペラの英語で自己紹介されたが、どうやらこの聖廟内の広報責任者らしい。

彼に経緯を一通り話すとハディースのところで顔を顰めるでもなく笑っていた。シーア派に興味あるんだよね。ではこちらで色々選ばせてもらいますね。そう言って吟味しながら本を何冊も積み上げていった。

高位ウラマー登場

本を頂いたあと「このあと時間あるかい？」と聞かれたので今日はこの聖廟を見てその後同伴者の彼の実家にあるクーサという古代都市に行くつもりですと答えたら

「ん〜どうしようかな、このあとこの聖廟で一番の偉い人に会ってもらおうかと考えてたんだけど……」

いやまじか、それってウラマーに謁見できるってことかよ。いつの間にかすごい話になってるぞ。今日一日予想外のことが起こりすぎて頭がついていってない。アハマドのこのあとの予定が気になっていたが彼は「ぜひそうしなさい」と言う。それならばこんなチャンス逃すわけがない。ありがたくお誘いを受けた。

広報責任者の彼は「では時間も時間だしお腹が空いてるだろう。ご飯を食べに行こうか」と言って聖廟内を歩き出した。彼についていくと地下の大きな食堂に着いた。

「ここは世界各地から来た巡礼者たちがご飯を食べていく場所なんだよ。ここで提供されるご飯は無料なんだ」

どうやらこのカルバラ内では色んな場所で食事が無料で提供されるらしい。イスラーム教で巡礼者には無料で食べ物が配られるというのは本当なのだ。話を聞いているうちに目の前に料理が出てきた。

食べ終わるとちょっと今から礼拝の時間があるから少し待っていて欲しいとのこと。アハマドも五分ほど待っていてねと言ってどこかへ消えた。聖廟内にウラマーの声が響き渡る。

集団礼拝の瞬間はとても神秘的で、宗教的一体感とはこういうものかといたく感動した。僕も靖国神社を参拝している時や一般参賀で見知らぬ人たちと天皇陛下万歳を唱えている時のような高揚感を感じた。

キリスト教教会での礼拝時、聖職者や祭壇のもとに絶妙に光が差し神々しさを醸し出すように、あるいは仏教寺院でお坊さんが経典を唱和するように。宗教は違えどここ聖地のモスク内でも、各国から訪れた様々な民族からなるシーア派信徒たちが礼拝を捧げている。その渾然一体とした様子には興奮を覚えにはいられなかった。

しばし茫然自失として見入っていると、いつの間にか礼拝は終わっていた。広報責任者やスタッフが来て、これからこの聖廟内で一番偉い人、大ウラマーと会うので今から言うことを守って欲しいと伝えられた。事前に貴方のことは伝えてあるので緊張はしなくていいとも。そう言われても緊張せざるを得ない。今日は色々幸運が重なりすぎていた。だがこのチャンスは無駄にはできないぞと武者震いした。

彼ら曰く、礼儀正しく振る舞うこと。挨拶と自己紹介をして握手を求めないこと。ここからは写真撮影はNGであること。その旨を承知した上で彼らについていく。

大アヤトゥラ（高位ウラマーが冠する称号）がいると思しき場所には礼拝後に彼を一目見ようと長い長い行列ができていた。大雑把に見積もって三〇〇人はいる。この日は平日だったし特に巡礼月でもない。あゝこんな感じで多くの人からウラマーは尊敬の念を集めているのだなぁ。

その行列を華麗にすっ飛ばしていよいよご対面である。挨拶と日本から来たことをアラビア語で話すと、握手はするなと言われていたがウラマー自ら手を差し出してきた。握手に応じながらフスハーでしゃべった方が良かったかなと一瞬考えたが後悔先に立たず。包み込むような優しい眼差しで日本からはるばるようこそと労ってくれた。

後ろに大勢の人が控えているので一瞬の出来事であったが、生涯忘れられない経験となった。スタッフや広報責任者、同伴者の彼も
「今日はとてもいい日でしたね。わざわざここカルバラに来てくれてありがとう」

お礼を言いたいのはこちらの方である。一観光客の僕にここまで厚いもてなしをしていただきありがとう。

興奮冷めやらぬ中「ちょっと、こっち来てくれる?」と手招きされた。言われるままについていくと今度は国会で党首会談でもしていそうな部屋に通された。喉がカラカラであったので水をもらって飲んでいると別のお偉いさんと思われる人たちが来た。聞くところによると全員イスラーム法学者らしい。

「今日は日本から遠路はるばるイラクまでお越しいただきありがとう。今日は色々あったと思うけど最後にインタビューするからテレビ出てくれないかな?」

ええ〜〜〜〜⁉⁉⁉⁉

テレビ出演ですか。俺日本でもテレビ出たことないのに。もうわけがわからない。

いやまじか、どうしようかな、俺イラクに黙って入国してるからテレビ出演しちゃったら外務省に捕捉されちゃうな。

というわけで二つ返事で了承した。

テレビ出演へ

ジャーナリストを名乗るインタビュワーが来て、これからする質問への回答を事前に聞くからねと指導が入った。いやはやありがたい。全校集会で一〇〇〇人ぐらいの前でしゃべったり特技を披露したりしたことはあるが、何せテレビ出演は初めてである。勝手がわからずアドリブで突っ込むのは正直厳しい。やらせというのかわからないが、仕込みでもなんでもいいからありがたい。質問とは次のようであった。

- 今までの渡航した国の数……最初は約五〇ヶ国と答えていたが、いつの間にか約の部分が消えていた。
- イラクに来た理由……シーア派の聖地ナジャフやカルバラがあったり、古代メソポタミア文明や古代バビロニアの遺跡、アッシリア帝国やアッバース朝等のイスラーム王朝の都市など見所が多くて気になっていた。
- イラクに来る前と来たあとのイメージの変遷……数年前まで内戦していたのもあり、情勢は改善はしているものの気を引き締めなければならない少し危険な国と考えていた。しかしイラクの人々はカルバラでの至れり尽くせりもそうだが非常に優しく友好的な人ばかりで、、印象が大きく変わった。

●昨日今日とカルバラのアッバース及びイマーム・フセイン聖廟の中を見て何を感じたか……私は非ムスリムだが聖廟内の荘厳さやシーア派信徒の礼拝の様子はとても神秘的であった。

お答えありがとうございました。今日は遠路はるばるイラク・カルバラまでようこそおいでくださりました。……いえいえ、お礼を言いたいのはこちらの方です。おもてなしをしていただいた全ての方に感謝申し上げます。ありがとうございました。

こんな感じの事前のやり取りがあった。いざテレビカメラに向かって話す時にはわかる範囲でアラビア語で話した方がいいのかと聞いたところ、無理はせず英語で構わないとのことであった。間髪入れずにテレビクルーが来て本番の準備は問題ないかと聞かれる。下手に待っても喉が渇いたら困るしこういうことはスパッと突っ込んだ方が余計なミスをしない。

カメラの前に立つと僕だけにレンズが向けられる。思ったよりかなりカメラ近いな。めっちゃ寄るやん。

結論から言うとインタビューは滞りなく終わった。さすが練習済みである。事前に答える内容を考えた上で本番は話すだけなのでそこまで難しくなかった。Youtubeと違って一人でカメラに向かって喋り続ける必要がないのですごくやりやすかった。

一通り喋ると喉がカラカラだった。知り合いが誰一人見る可能性のないテレビ出演なので緊張する要素など皆無であったが、やはり初めてのことであったので上手くいっていたかはわからない。

長い一日が終わった。いろいろなことが上手くいきすぎてテレビ出演したあとに「ドッキリ大成功〜〜」のフリップを持った人たちが現れてもおかしくない展開だった。

今日一日いろいろ歓待してくださった全ての人に感謝の念を伝えながら聖廟を後にした。ここまで交渉してくれた彼にはご飯奢るだけじゃすまないレベルであったがむしろ奢られた。もう意味がわからない。ありがとう、ありがとう。

結局、アハマドが僕を家へ招待して家族を紹介してくれると言うので、ありがたく申し入れを頂戴した。そしてカルバラに別れを告げた。

外務省に潜在的不良ジャーナリスト扱いされたのを丸々取り返せる分の素晴らしい経験ができたイラク渡航であった。

テレビ初出演はイラクだった

コラム 限界旅行者が教える（使えそうで使えない）旅行テクニック❷

渡航について

危険地帯に渡航すると、密入国でもない限り多分一〇〇%日本国外務省に捕捉される。

僕はイラク渡航前に揉め事を起こし、外務省に「僕の負けです、行きません」と嘘をついた。その後僕は尾行される可能性を考え、イラク渡航の日、イスタンブール市内から空港まで行くのにロードバイク、電車、タクシーと複数の手段を織り交ぜて確実に誰にも跡を付けられないようにした。にも関わらず、三日目にはイラクに入国していることが捕捉された。

つまり外務省には絶対バレる。どうやらイラク当局が日本人の入国者は外務省に報告してるっぽい。国家公務員等の職業に就いている人は当然のこと、その他それに準ずる職業や身内にバレると困る人はまず渡航はやめといた方がいい。これが国家権力だ。

僕は思想的には体制側のため、ご迷惑をおかけしながらも好奇心には抗えないどうしようもない人間だが、思想的に反体制な人はそれなりの覚悟をしよう。

5

カルロス・ゴーンの逃げた国に行ったら色々終わってた話

レバノンという国に行ってきた。日本人からしたらカルロス・ゴーンが逃亡した先としてお馴染みのあの国である。この国は中東のパリと呼ばれるベイルートを始めとして、欧米人観光客が多く訪れる綺麗な国であった。昔は。

しかし近年は宗派間の対立、格差社会の深刻化、政府の腐敗が重なり、経済や国民生活は落ち込んでいった。ただでさえ弱っていたところをコロナとベイルート港爆発事故が襲い、完全に失敗国家と成り果てた。カルロスゴーンどんまい。

というわけで今回は経済崩壊した国家で過ごしてみて、現地がどんな状況なのかを書き連ねていきたいと思う。

まず最初に首都ベイルートでは一日の約半分しか電気が使えない。夜間と昼に数時間程度電気が流れるだけである。外貨準備高がほぼ底をつき発電用の燃料が買えないからだ。僕の行った時はまだ半日使えた。酷い時は三日間完全に電気が止まっていたらしい。

ここ最近、ロシアによるウクライナ侵攻により、資源価格やあらゆる物価が上昇している。財政的に余裕のない国では緩和策を打ち出すことができず、レバノンのような破綻国家に落ちぶれる国が出てくるだろう。それでは思いつく限り実際にあったことを挙げていきたいと思う。

街中にいるヒズボラ民兵

1 エレベーターもエスカレーターも使えない

これが最初に受けた洗礼だった。ホテルに着いてチェックインをして大量の荷物をエレベーターに乗せようとしたら使えない。五階（レバノンはグラウンドフロアが存在するので実際は六階）までを荷物担いでえっちらおっちら上らなければならなかった。クソ。

輪番停電のスケジュールを把握するまでは大変だった。把握したあとでも朝の六時以降四時間ぐらいはガッツリ停電しているので、朝早くから観光する時はエレベーターは諦めてウォーミングアップがてら階段で下りていた。

金持ちで自家発電の燃料を買える人はこれを回避できる。しかし預金引き出し制限があるので、ここで言う金持ちとは外貨を現金で持っている人だけを指す。いくら口座にレバノンポンドを大量に持っていても全く意味がないのである。クソ。

2 信号が機能していない

中東一帯ではそもそも信号がある国が少ない。勝手に各々が進みたいように進むところが多いのだが、レバノン・ベイルートは一時期中東のパリと呼ばれていただけあって市内に信号は割とある。ただ元々あったのに機能していないし交通整理している警察官や軍人も皆無なのである。クソ。

イラクとかよりも断然酷かった。二つの幹線道路が交わるところは皆が我先にと突っ込んでくるので危険度がかなり高い。

信号が機能していないベイルート

突っ込まないなら突っ込まれるから突撃あるのみである。そのせいで歩いている時や自転車に乗っている時にはヒヤッとすることが多々あった。たまたま通電している時間帯で信号がついていると感動した。クソ。

3 Wi-Fiが止まるので大容量SIMカードを買わなければならない

停電して困ることの中で上位に来るのがネット環境の問題である。停電するとホテルのWi-Fiも自動的に落ちる。日中は、基本的にホテル内のWi-Fiはついてないし街中のレストラン、カフェ、シーシャ屋に行っても「う〜ん、電気つくの一八時だからそれ以降だったらWi-Fiあるよ〜」と言われる始末なので、基本的にPCで作業するにはテザリングするしかない。クソ。

不幸中の幸いというか、キャリア回線には優先的に電力が回されているらしく、携帯用回線は常時アクセスできた。だが全てそれで賄わなければならないので十一日間で二十五ギガぐらいは使った。ヘビーユーザーがどう対応しているのか気になる。クソ。

4 クーラーがつかない

日中停電している間はクーラーがないので暑い。僕が行ったのは十一月の前半頃だったのでせいぜい最高気温が二六〜二八度程度。まだ耐えられる範囲だったが、真夏はかなりきついと思う。ベイルートはかなりアップダウンの激しい街なので、少し歩いて休憩しようかと思ってそこらのレストランに入ってもクーラーがついてないことが多く、夏は大変だと思う。クソ。

あとクーラーがつかないのでホテルの窓を開放して涼をとるともれなく蚊が入ってくる。蚊が飛べないといわれる高層階は前述のようにエレベーターが使えないのでどちらを選んでも地獄である。クソ。

5 店で買う飲み物が基本ぬるい

日中停電して起こること。そう、冷蔵庫が使えないのである。暑い中歩いて冷たいものが飲みたいなと思い、スーパーやカフェに入って飲み物を買っても全部ぬるい。ごく稀に冷凍庫に飲み物を入れている店が一部凍りかけのペットボトルを売っている。見つけられるかどうかは運次第。ぬるい炭酸ジュース飲まされるのはかなりきつい。クソ。

6 日が昇ったら起き日が沈むと寝る生活になりかける

他の区画のことは把握していないのでわからないが、ベイルート地区は昼以降一八時まで停電している。そしてベイルートは大体日本と同緯度なので、十一月の前半は夜一七時頃には日が沈む。つまり日没から一時間ほどはホテル内が真っ暗なのである。

昼間明るいうちは自転車の修理をしたり街中を歩いたりとやることがあったが、その時間帯にホテル内にいると真っ暗で何もできず、通信容量を食うから動画で暇つぶしすることもできず、睡魔が襲ってきて寝落ちしてしまうことがあった。都市部にいながら江戸時代の農民みたいな生活スタイルになりかけた。クソ。

7 オール電化だと詰む

レバノンでは二ヶ所のホテルに泊まったが一軒目のホテルがオール電化だった。そのおかげで日中停電している時間帯に温水シャワーが浴びられなくて困った。クソ。

朝六時には停電し、次に電気が供給されるのは朝の一〇時頃なのだが、その後は不安定極まりない。遅めに起床して朝シャンしようとしたら途中で止まる。もしくはシャワー浴び終わった！　じゃあ髪乾かそうと思ってドライヤーをつけようとした

朝6時に停電した時の写真

ら停電。海外生活で伸び切った髪が乾かずとても困った。女性には厳しい世界である。クソ。破綻国家でオール電化はデメリットでしかない。いわゆる「卵は一つのカゴに盛るな」である。

8 充電器を挿しっぱなしにできない

停電から復旧した時に大きい電流で電子機器が破壊される恐れがあるので、コンセントに充電ケーブルを挿したまま外出することはできない。輪番停電みたいにあらかじめわかっている停電ならまだ対応可能なのだが、それ以外にも分電盤停電はしょっちゅうあるので充電しながら外出できない。クソ。

バッテリー程度なら壊れてもせいぜい数千円なので繋ぎっぱなしにしていたが、パソコンのデータが消えたら発狂すること間違いないので、外出する時はケーブルを抜くことは勿論のこと、睡眠時や部屋にいて停電した際に慌てて抜いていた。クソ。

9 レストランの開店時間が変則的

レストランにも色々あり、自家発電機を持っている店からない店まで様々である。自家発電機のない店で日当たりの悪い立地だと、メインストリートに面していても昼から暗い。奥まったところにある店は悲惨である。クソ。

店によって対応はまちまちで、ググっておすすめの店に行ってみると真っ暗であったり「●時から停電直るからそのあとに来た方がいいよ～その時間ならWi-Fiも飛んでるよ～」と謎のアドバイスを受けたりする。暗くて逆にいい雰囲気を醸し出している店もある。

お酒を飲むところなら暗くても構わないが（レバノンはイスラーム教徒だけではなくキリスト教マロン派もいるのでお酒が飲める場所はある）、ググった情報がほぼ当てにならないので運任せである。クソ。

10 公定レートと闇レートで一四倍の開きがある

一部の百戦錬磨の旅行者を除いて「闇レートって何？」という感じであろう。国家政策で外貨を集めていたり制限をかけていたりすると、市場に出回る外貨の需給関係にズレが生じ、政府が指定する自国通貨と外貨の交換レート（公定レート）に比べ

レバノン・ポンド紙幣

て明らかにいい交換レートでドルやユーロを交換できる場所が出てくる。これが闇レートである。

レバノンは終わってる国で（終わってる経緯は話すと長くなるので適宜ググるなり参照されたし）、自国通貨の信用がないので公定レートだとこの当時で$一＝一五三〇レバノン・ポンドだが、闇レートだと$一＝二一五〇〇レバノン・ポンドで取引されていた。実に一四倍の差である。自国通貨の価値が低く米ドルが一般に流通している国は今までにもいくつかあったが、ここまで交換レートが乖離していた国は初めてであった。

ただ闇レートといっても空港の両替所以外では一般的なレートである。街の中心部の大通りにある両替所も全部闇レートを基準に交換可能である。

11 クレカがまともに使えない

これはなぜかと言うと、クレカを利用すると前述の公定レートの値段で決済されるからである。闇レートなら八〇〇円ぐらいで食べられるご飯が、クレカで支払うと公定レートで請求されるので一万円を超えてくる。全てが一四倍になるからである。クソ。

事前にこのことは知っていたので米ドルを現金で持っていった。自国内通貨の信用が著しく低いせいでタクシーやホテル、レストランは両替しなくてもドル支払いできるし何ならそっちの方が交渉で安くしやすい。

一ドル札ですら何も問題なく使えるし、交換レートも一〇〇ドル札と基本的に同じレートである。ホテルや商店だとみんなその日の交換レートを把握していて、米ドルと欧州ユーロは準法定通貨ぐらいの立ち位置を占めている。

12 ゴミが回収されないので収集場所がゴミで溢れかえっている

財政危機を引き起こした国あるあるの光景である。財政状況が不安定になるとゴミ収集は滞りやすい。ギリシャ危機が勃発した時の南欧諸国でもたまにゴミの山ができていたが、レバノンは現在進行形だったので量がかなり多かった。クソ。

同様に街路樹を剪定する予算がつかないから木が伸びっぱなしであったり、道路が陥没しても放置されたりしている。歩いていても自転車に乗っていても車に乗っていても不便な世界である。クソ。

空き地で積み上がったゴミ

13 水が不味い

僕は各国の水道水を飲んでどこまで胃が耐えられるか試しているのだが、レバノンの水道水は本当に不味かった。今まで飲んできたいろんな国の水道水に比べて、レバノンの水道水は水道管が死んでる味がした。ミャンマーとかイラクとか北朝鮮とかそんな国より断然酷い。

このお湯に入るとお肌ツルツルになりますよ〜って謳い文句の温泉に錆びた鉄を加えたような味がした。上水道施設か水道管が死んだまま維持管理できてないと勝手に推察してる。クソ。

ざっと書き連ねただけでこれだけ不自由な生活であった。現地人には「君たちなんでこの時期にレバノンなんか旅行してるの?」と煽られる始末。

ベイルート港爆発事故の爆心地

旅行している分にはネタになって、こうやって文を認めることができるからまだいいものの、暮らすのはかなりきついと思った。日々当たり前のように享受する先進文明のありがたさ、インフラの重要さに気づくことはできた。

先日フランスも国際逮捕状を発付したカルロス・ゴーンは、こんな感じの国で余生を過ごさなければいけないのだろう。

先進国の豚箱に入れられることからはまんまと逃げ果せたわけだが、結局破綻国家という籠の中の鳥になってしまった。どっちが良かったのかは当人にしかわからないだろう。

さらば、カルロス・ゴーン

6 今はなき独裁国家シリア訪問記

二〇二四年十一月末、世は師走に入ろうとする中、突如としてシリア北東部にいた反政府軍が防衛線を突破、またたく間に地域を支配しわずか十二日間で首都ダマスカスを陥落させ、父の代から数えて五〇年以上にわたり独裁国家だったシリア・アラブ共和国ことアサド朝は滅亡した。

長引く内戦、イスラーム国の台頭、各地に流れた大量の難民、ここ一〇年の国際情勢の中でも危険なイメージの代表格だった国シリア。僕は以前、シリアを旅したことがある。

ビザ申請

当時シリアは外務省渡航情報でレベル四扱いとなっていた。まず最初に必要なのがビザなのだが、シリアは日本の最強パスポートをもってしても入れない国の一つであった。長引くシリア内戦でビザ制度がどうなっているのかもよくわからなくなっていた。

イギリスにいた時にシリア大使館に行って確認を取ったことがあった。どうやらビザ発行には何らかの識別番号が必要で、その番号を取得していれば国境でビザが発行されるらしい。

そこまでは教えてくれたが、そこから先の説明がどうにもよくわからなかった。他の国にある在外シリア大使館にも掛け合ってみたが、シリアの観光ビザを取得する人がそもそもほとんどいないため、制度自体をよく理解していない人もいた。おいお前大使館員だろ。

なんとか情報収集をしたところ、一応個人でも観光ビザ自体の取得はできそうであった。だがしかし、この国はあくまで独裁国家。パルミラの遺跡に行くにも、都市間移動するのにも全部役所に行って許可証を手に入れて検問を通過しなければいけない規定になっていた。

アフガニスタンやイラクは連行されこそすれ、手続き上の面倒くささはそこまでではないのでこれは悩んだ。

あまりにも手続きが煩雑そうであったので、不本意ではあったが今回はツアーという形で旅行することにした。六二ヶ国旅行してきたが、北朝鮮以来のツアーである。

てなわけで現地のツアー会社を調べてみたが、かなりの会社が音信不通になっていた。コロナで入国条件がコロコロ変わって入れない時期にかなりのツアー会社が潰れたらしい。こういうところは他の国と変わらないんだな。ウェブサイトを更新した形跡があるところに片っ端から連絡を取ってみることにした。

結局返信があったのは三社であった。数十社存在していたのに残っているのはそれだけなのかと思いながら話を聞いていた。条件としては二〇二二年度中に行きたい、なんならアフガニスタン渡航からあまり日を開けないタイミングで渡航できたらありがたいなと考えていた。ツアーは一〜二ヶ月に一回しか催行されないのでタイミングが重要である。

渡航する前にビザ申請があり、そこで必要書類を揃えて欲しいということであった。聞いてみると英文の納税証明書や確定申告書類が必要とのこと。なんでそんなものいるんだ？ アメリカビザみたいに不法移民になる可能性があると思われてるってことですかと聞き返した。するとジャーナリストかどうかを確認したいらしい。なるほどそういうことか。

とはいえ、納税証明書などを取得するのはなにぶん海外にいる以上（この時はカザフスタンにいた）面倒である。しかも英訳となるとさらに面倒くさい。とりあえず普通に日本語で書いてある確定申告の控えを送ってみたらあっさり通った。ガバガバか。

事前手続きはそれだけである。都市間移動の許可証であったり遺跡の入場許可証の個別審査についてては一括してやってくれるとのこと。これに関しては自分でやっていたらキリがないのでツアーを申し込んで正解であった。

あとは入国前日にレバノン入りしてブリーフィングを受け、当日にツアーバスに乗ると国境沿いでビザが発行される形になっているようである。多分アメリカ人やイギリス人などのいわゆるシリア内戦でアサド政権と敵として戦った国は手続きが煩雑なのであろう。

シリア入国

アフガニスタン旅行を無事終えてパキスタンに入国した僕は、ペシャワールからUAE経由でレバノン入りした。一〇ヶ月ぶりに入国したが、前回使っていた通貨は半分ぐらいの価値になっていた。そして相変わらずの貧弱イン

インフレが進みすぎて桁が足りなくなったガソリンスタンド

フラっぷりである。以前より一部悪化していた。

この日はブリーフィングがあったが、アフガニスタンに行ったあとで疲れていたので早めに寝ることにした。

翌日、指定されたホテルの前に着いてみると一〇人ほど人がいた。中国人三人と残りは欧米人であった。欧米はすでにアフターコロナ気分であったが中国はまだ厳格な入国規制をしていたはずである。聞いてみたらずっと海外にいて本国に帰ってはいないらしい。やっぱ、このタイミングで旅行しているやつは一癖も二癖もある。

少しばかり自己紹介を兼ねて談笑していると出発の時間となった。ここから先はツアー専用バスでシリアまで行けるらしい。運転手はシリア出身のアラブ人であった。

バスが出発するとベイルート港爆発事故現場の真横を走っていく。私は前回の旅ですでに見ていたが、他の人は初めて見る光景らしくツアーガイドの説明と共に一斉に写真を撮り始めた。シリア以前にレバノンへ来る人自体が珍しいというのを失念していた。

そこからはレバノン中部を縦断する山脈を越えていく。バスに数時間揺られてレバノン側の国境に着いた。地図を見ると実際の国境よりはかなり手前にある。徒歩だとかなり歩く距離である。

我々ツアー一行の横を現地人と思しき人たちが大量に通過していく。彼らが提示していたのは在留許可証や通行許可証みたいなカード状の簡易的なもので、我々のパスポートとは違った。シリアにしろアフガニスタンにしろ、我々一般人が旅行しにくい場所も現地人の往来はこうやって簡素化されていることが多いようだ。

順番に列に並ぶとあっさりスタンプを押されレバノンでの出国審査を終えた。ここから待望のシリア旅行の始まりである。バスに乗り込んでいる間にUNと書かれた国連の人道支援車両と思しき車両が通過していった。我々のバスもゲートを超えシリア領土へと向かった。

レバノンからシリアまでの道路沿いにはいくつかのレストランと思われる店があったが、この区間内の店がどっちの国に属しているかはわからなかった。免税店扱いなのだろうか。

シリアの国境検問所に着くまでには割と時間がかかった。地図上で距離を見ると六・三キロほどである。陸路の国境でこれほど離れているのは珍しい。緩衝地帯にでも設定されているのだろうか。

そしてようやくシリア側の国境検問所である。毎度この瞬間が一番ドキドキする。一回入ってしまえばこんなものかという気持ちになるが、入る瞬間は楽しみとリスクが頭の中を駆け巡って武者震いする。

とはいえ検問所前の雰囲気は牧歌的である。インスタ映えだけではなく、アサド大統領の肖像画もありツイッター映えするような仕様である。ちゃんと独裁国家ではあるのだ。

検問所の建物内に行くとアサドパパ、ハーフィズの肖像画も掲げられている。こちらもまた三〇年間シリアに君臨した独裁者である。

入国審査官やその場にいた通行人のアラブ人の顔を見ると、やはり目が青く白人っぽい見た目である。アラブ人と一括りにしているがやはりシリア人はかなり白人に似てるんだよなぁと実物を見て思った。

順番を待っているとまず最初に別の部屋に行くことになった。そこでパスポートを見せて名前をリストと照合すると、紙切れを引きちぎって名前を走り書きしたものを渡された。

次はその紙切れを持ってCommercial Bank of Syria の受付に支払うようである。ここも大混雑でアラブ人の強気のおばちゃんが怒鳴っていた。なんだか面倒くさい手続きを踏ませるんだな。他の国はあくまで承認手続きに時間がかかるだけでこちらが右往左往させられるという感じで

国境検問所にあったアサド大統領の肖像画と記念撮影

はない。これでは住民票を移した時に各部署を回らされてる時とおんなじだ。

カウンターの前に立っていて各々暇なので各人の旅路や自己紹介をした。するとツアー客は八人しかいないのに訪朝経験者が三人もいた。恐るべき母集団である。やはりシリア旅行に来るような人たちはだいぶ変わっている人の集まりなのだ。

訪朝経験のある中国人はやはり限界旅行者で、僕が日本人と知って福島第一原発にどうやったら入れるかを聞いてきた。入る方法はなくはないのだが、色々手続きが煩雑なのと外国籍でどこまで可能なのかわからなかったので割と難しいと思うと答えた。それに比べたら新疆とかセミパラチンスク核実験場跡の方がよっぽど簡単だろうとも。

受付はガラスケースで覆われており、覗いてみると凄まじい量のシリア紙幣が積まれていた。日本円だったら数億円ぐらいはありそうな量である。がしかし、シリア・ポンドの価値が高いはずはない。国を一歩出たら紙屑だ。まぁお隣のレバノン・ポンドとかいう現在進行形でハイパーインフレして

国境検問所のオフィス裏に積まれたシリア紙幣の札束

いる貨幣に比べたらマシかもしれないが……。

ビザ代金を支払う段階になり、各々の国籍によってビザ代金が大幅に違うことが判明する。渡航前に現金でいくらいるか確認のメールを送った際は、日本人がツアーを利用したことはないが、多分そんなに高くないと言われており、私自身この時初めて知った。他の人の様子を見ていると、ビザ代金は以下の通りである。

ロシア三五ドル、ドイツ六七ドル／六〇ドル、中国一二ドル、イギリス一四〇ドル、日本三〇ドル、ウクライナ八五ドル、チェコスロヴァキア六〇ドル。

あれれ、ドイツ人二人のビザ代金が異なっていた。なんといい加減なことであろうか。ガバガバである。この具合だと本当にリスト管理できているのだろうか。普通にアライバルビザ狙いでごねても行けそうな感じがした。

日本人は安かった。こういう時、西側諸国に乗っかって無理に中東に自衛隊派遣しなくて良かったなと思う。無駄なヘイトを買っていない。シリアと同盟国のロシアの方が高かったのはよくわからなかった。中国人だと一二ドルでとても安い。非アラブ人かつビザが必要な外国人の中で一番安いのではないか。中国のパスポートは西側では弱くてビザが必要だが、こういう限界旅行をする人からするとかなり便利なものである。

なんだかんだで全員の手続きを終えるまでに一時間半を要した。昼を過ぎておりお腹が空いてきた。だがここからダマスカス市内まで更に一時間ほどかかった。

ダマスカス市に向かう途中で車内から見る光景は、レバノンより断然綺麗だった。これはシリアが思ったより復興しているのか、それともここ最近のレバノンの経済が終わりすぎているのか。道路脇には整然としたマンション群が建設ラッシュと言わんばかりに増えており、大きめのショッピングモールと思しき建物も観測できた。

ただシリアに入ってから検問が増えてきた。観光ツアーで入っているので止められることはないが、市内に入るまでに四ヶ所検問を通過した。検問所の兵士はほとんど非武装であったが、市内に入る手前の検問所にいた兵士だけは旧式のカラシニコフを装備していた。内戦後でいまだに空爆があるからもっと厳戒態勢かと思っていたが、想像よりかなり緩い。

市内に着くとバスは直接ホテルへと向かった。ダマスカスはバス内から見る限り普通のアラブの都市といった感じで、シリア

復興中と思われるシリアの新造建築群

内戦のイメージは全くない。アサド大統領お膝元のダマスカス旧市街は一部空爆があったもののそこまで荒廃していないというのは本当であった。ここだけ見ていると外務省渡航情報レベル四という感じはしない。まぁ周辺部は定期的にイスラエル空軍機の空爆やミサイル攻撃で革命防衛隊とか輸送車両が爆撃されているのだが。

古代都市ダマスカスの旧市街の中心部付近にある駐車場らしきところに停車するとホテルまで少し歩くようである。検問所があり、兵士は緊張感なく無駄話をしていた。そこの隣を見るからに白人の兵士二人が連れ立って通りすぎた。おお〜シリアの同盟国のロシア兵じゃん。

街に入ってこうも簡単にロシア軍人と遭遇できるとは思わなかった。こんなにそこらへんをうろうろしているならロシア軍車両もそのうち目にすることができるだろうと胸を高鳴らせた。

ホテルまでの道のりでお腹空いた人はいないか？　と観光ガイドが言った。朝は軽く食べて

ダマスカス市内に向かう途中の道路にある検問所

きたものの、シリア料理を食べるためにお腹は空かせてある。道端のケバブ屋から食欲をそそる匂いがしてくる。ガイドの方を振り返るとこのケバブを食べるようだ。

やったぜ。店先で焼くのを見ていたらお腹がなってきた。結局三つも食べてしまった。ケバブ自体は中東一帯で基本的に似ているが、この店はソースにヨーグルトを使っており、唐辛子ソースと合わさって辛さもありながら口当たりの良いまろやかな味をしていた。

腹拵えを終え、旧市街の入り組んだ道を歩いていく。少しばかり歩くとホテルに着いた。荷物はボーイが運んでくれたが、この細かい石畳の道だと運ぶのは大変そうであった。

ホテルはこれまた洒落ていた。これがシリアと聞いたら大抵の人は驚くだろう。事実僕は驚いた。中庭に置いてある椅子に座るとホテルスタッフがローズウォーター入りジュースを持ってきてくれた。

一旦荷物を置いて各自が席に座ると、これからの予定説明とホテルの部屋決め

シリアのケバブ屋

シリアのケバブ、美味くてお代わりした

があった。カップルで参加している人を除き、知らない二人で一組扱いである。僕は中国人と一緒になった。雑な括りでわろた。

部屋決めのあと荷物を各自部屋に置き、一〇分後に再集合してホテル周辺の旧市街を歩いて観光するようである。

さて一行が動き始める。最初に寄ったのが聖ハナニヤ教会と呼ばれる原始キリスト教の教会であった。あれ、イスラーム教国家に来ているよな、なんで最初に案内されるのがキリスト教の教会なんだ？？？

確かに、イスラーム国が台頭した時にロシアがシリアを支援したのは同国内の正教会教徒の保護を得るためという話はあったが、ここは正教会ではなくカトリック系列である。むむむ。観光地とはいえ案内していいのか？　意外と緩いな。

街中を進んで行くと次から次へと教会がある。アルメニア正教会からマロン派、プロテスタントまであった。ここまで信仰の自由があるのか。するとユダヤ人が以前住んでいた場所とや

ダマスカス旧市街東側の地下にある聖ハナニヤ教会

らもあった。がしかし周知の事実の通り、中東戦争でアラブ側とイスラエルが断絶しその際にユダヤ人はイスラエルかアメリカに亡命したとのこと。彼らが戻ってくる時のために残してあるらしい。プロパガンダで残してあるにしろ破壊されてないだけ驚きであった。

　残りはダマスカス在住の現代芸術家のアトリエであったりアンジェリーナ・ジョリーが泊まった高級ホテルなどを見せられたが、そこまで興味が湧かなかったのでふーんと聞き流しながらひたすら市内に掲げられてるアサド大統領の肖像写真を撮っていた。

　一通り見たあと休憩ということでカフェに寄ると、どうやらシー

左／市内の至る所にあるアサド大統領の写真
右／市内で見つけた日本のママチャリ。多分盗難車
下／ダマスカスのカフェ

シャが置いてあるらしい。待ってました！！！　アラブ世界といったらシーシャである。ジュースは正直どうでもいいがシーシャは吸いたい。

シリアの夜

一旦ホテルに戻って少し休憩したあとは観劇に誘われた。シリアで劇を見られるとは思わなかったので是非について行った。

案内された場所に着くとまだ開演まで時間があるようである。そのまま階段を上がると、屋上がバーテラスになっておりダマスカス市内を見渡せるようになっていた。ちょうど夕暮れの時間であり電気がつき始めていたが、明らかに光量が少ない。金を落とす僕らのような観光客が訪れる場所やお金に余裕のある人が住んでいる地域には優先的に電気が回されているのだろう。北朝鮮方式だ。輪番停電している様子はなかったのでレバノンよりはマシではある。

屋上テラスではシリア産ビールが飲めた。この国、酒に関しては緩いのか。イスラーム教国家で酒をいかに飲むかを考えている私である。

シリアのビール

その後観劇することになったが、演目はフラメンコとかだった。あれれ、なんか想像したのと違うぞ。シリアのアラブ民族劇とかそっちの方を期待してたんだけど……。まぁ酒飲めたし良しとするか。

夜ご飯はホテルの近くにあるレストランで食べることになった。シリアはシーシャがどこの店にもあり、シーシャ廃人である僕からすると天国のような場所であった。しかも一回あたりの値段は二〇〇円程度である。レストランまで歩いていると、ツアー客で外国人が珍しかったのか現地人に話しかけられた。ツアー客でアラビア語が話せるのは僕だけだったため、僕とだけ写真を撮ることになった。

料理はアラブ料理をベースにしたものと、一般的なサラダや肉料理だった。西洋人の口に合わせたのかはわからない。ヒヨコ豆をペースト状にした中東の定番料理であるフムスとパンは美味しかった。中東を旅行する時は個人で旅行しており、現地人の勧めで行くことが多いため大体大衆店になる。今回は管理されたツアーで指定されるようなレストランなのでいい店なの

シリアの現地人との記念撮影

だろう。普段食べるフムスより上品な味であった。

公衆浴場ハンマーム

食後にホテルに帰る途中、ツアーガイドからハンマームに興味ある？　と聞かれた。中東全域にある公衆浴場のことである。恥ずかしながら中東を大体回っておきながら一回も行ったことがなかった。だがこれはいい機会である。シリアでハンマームデビューだ。

一度ホテルに戻って着替えの下着を取ってくるとツアーメンバーの男性陣他三名と行くことになった。ここから先は写真撮影できなかったので詳述していく。

ハンマームに入るとチャイポットとシーシャが置いてある。最高か。

従業員が何人もおり、ガイドのシリア人が通訳してくれていたが、こういう時にアラビア語ができるとタイムラグなくさっさと準備ができる。上下ともに脱いでパンツ一丁になると、従業員が近づいてきてバスタオルを腹に巻き始めた。その状態で下着を脱げということらしい。

シリア一日目のディナー

小学生の頃の着替えタオルを思い出した。今はなき恥じらい懐古の時間である。

ぱぱっと着替え終わるとスマホや貴重品の入った服は鍵のないカゴの中に入れて置けとのこと。ガイドの方に目をやるとハンマームに入っている間は全員分監視してくれるそうなのでまぁさすがに大丈夫だろう。独裁国家はこういうところは無駄に治安が良いので任せることにした。

ハンマームには小部屋が何部屋もあり、一つ目の小部屋は体を洗う場所兼垢すり部屋となっている。更に進んでいくと奥の部屋からもうもうと白い湯煙が上がっている。その部屋に入れとのことで進んでいくと、視界一メートルを切っているレベルで湯煙が立ち込めている。部屋は直方体で両側五人ずつ座れるようになっており部屋は数席を残して満席であった。

中にはシリア人がいて話してもいいらしい。ツアーでしか入れないみたいな感じでありながら北朝鮮とは規制の厳しさが段違いである。アラビア語で喋っていたら、一人流暢な英語を話せる人がいた。

話を聞いていると外科医兼眼科医であった。そんな組み合

アサド大統領の肖像画が掲げられたハンマーム

わせありなのかちょっとよくわからなかったが、これで英語ができるのは納得できた。

眼科医ってことはアサド大統領とおんなじだね！　とシリアジョークを飛ばしたらめちゃくちゃ苦笑いされた。あれれ。（アサド大統領はロンドン在住時代眼科専門医であった）

独裁国家なので誇らしげな返答が返ってくると思ったら意外な反応である。その後も話していたら「シリアについてどう思う？　悪い？」とこちらの返答が芳しくないような前提で聞かれた。どこまで本音を話していいのか測りかねていたので無難な回答をしたら頷いてそのまま彼は出ていった。表情や反応を察するに医者や英語ができるような上位層はシリアの政治体制や経済状況についてよく思っておらず、特に最近の惨状について他国の目を気にしている感じがした。ニュースで投票率一〇〇％、得票率九九・九％で当選するような独裁国家でも、こういう感じで市井の人々の不満が感じられた。

ハンマームでこんな現地人との交流ができるとは思っていなかったので思わぬ収穫である。アラビア語ができるとやはり打ち解けやすくこういうツアーでも役に立つ。北朝鮮旅行でも朝鮮語ができたらまた違った楽しみ方ができただろうか？　と考えてしまった。

サウナでどこまで耐久できるか？　という利用者同士の争いはシリアでもあるようである。中にいた現地のアラブ人の若者たちはわちゃわちゃしながら勝負していた。

サウナ内には石鹸が置いてあり、よくみるとアレッポ石鹸である。石鹸発祥の地といわれるアレッポで千年以上前から作られているという石鹸を、現地で見られるとは思っていなかった。本当に使ってるんだな。見た目も普通の固形石鹸で、日本のおじいちゃん、おばあちゃんの家で使うようにそのまま使っていた。今ではどこの国に行っても普通にスーパーに欧米製の液体シャンプー、ボディーソープが売っている時代なので驚いた。

しばらくサウナ耐久大会をしていたらツアーメンバーが全員呼ばれた。どうやらアカスリの時間のようである。アカスリは身体によくないとわかってはいるが、まぁ一回ぐらいは経験しておいてもいいだろう。見てる感じかなり痛そうである。

いざ自分の番になってみるとこれまた痛い。ただ、これは酒と同じで唸ったら負けなやつだ。どれだけ悶えるかを見られている。ちょっと余裕ぶってニコニコしていたらフルパワーになって顔が歪んだ。やりやがったな。周りのシリア人は爆笑していた。

まだ砂漠に行っておらず日焼けしていないからいいものの、日焼け後にやったら皮膚が死にそうである。初日で良かった。

終わったあとはざっと水で洗い流して出る運びとなった。入った時と同じようにスタッフが腰にタオルを巻いている間に服を着て終わりである。シーシャ台が置いてあるからその場で吸っていきたかったが、ホテル内にもあるとのことでお暇した。残念、ハンマームで吸う機会を逃してしまった。

ホテルに帰ってシーシャを頼めるか聞いてみたら確かに存在した。値段は二ドルほど。うーんさすがに安い。フレーバーはシンプルに四種類ほどあるだけであった。シーシャを吸いながらこの日撮影した写真のバックアップを取ったりメモ書きをまとめたりするも、次の日もあったので早めに寝床についた。

一日目は割と普通に終わってしまった。独裁者の肖像画は街の至るところにあるが、酒も飲めるし現地人とも喋れる。そこまで荒廃してない。だが、シリアって案外普通だなと思えたのは最初の方だけだった。

シリア二日目

シリア内で使える通貨が欲しいなと思っていた。ドルが使えるならそれはそれでいいが、最低紙幣が一ドル札だとこの国では額面が大きすぎるだろう。また、僕は各国を旅行しながら貨幣を集めるのが趣味である。ドルで済むにしてもコレクション用の現地通貨は交換しておきたいところだ。

朝起きてホテルの朝食を食べにいく。シリアの朝食はパンがメインでフムスのソース、ゆで卵にオリーブの実、アラビア語でタイムを指すザータルが見える。一般的な朝食にあたるだろう。普段できる限り朝から肉を食べるためにホテルの朝食はつけず、アラブでもいつもケバブを食べていたがツアーだとこうなるようである。

タンパク質を確保するためにゆで卵五個とフムスを多めに食べるようにした。とはいえアラブのゆで卵は二〇分以上茹でたような固茹でである。何個も食べていると口の中がパサパサになる。サルモネラワクチン接種済みの生卵恋しいな。卵かけご飯が食べたい。

朝食を食べ終わると出発の時刻は九時半すぎとのことであった。今日最初に観にいくのはダマスカス市内にある国立博物館。シリア内戦が勃発した時、略奪や暴動から文化財を守るために二〇一二年から二〇一八年まで閉館していた博物館である。

バスまで歩いていくと検問を通過する。試しに検問所にiPhoneのカメラを向けてみたが何も言われないし、兵士たちは談笑していた。バスに乗ったあとも市内の検問所を通ったが何も起こらなかった。一応置いてあるチェコのハリネズミ（対戦車用障害物）も支柱の一本がか細く、見た目だけである。検問所に立っている軍人でカラシニコフをぶら下げている人は誰一人とし

ていなかった。独裁国家なのに全然独裁国家じゃない。（普通の国はそもそも検問が存在しないので感覚がだいぶ麻痺している）

博物館の建物入り口はパルミラの遺跡から持ってきた砦門である。中の展示品は未だ布がかけられていたりして、収奪を防ぐ措置が完全に解除されたわけではなかった。

中の展示品のケース等は日本が支援したらしく、日本のマークが書いてあった。

博物館の中にはメソポタミア文明をはじめとしてシリアの各時代の遺物が集められていたが、シリア内戦時に略奪を防ぐために展示物を隠してしまったため目玉となるようなものはあまり見られなかった。

道を歩いていると右手に見える建物は自爆テロが起きた場所らしい。オスマン帝国時代に作られ、陸軍兵舎として用いられたり、フランス委任統治領時代に高等弁務官事務所に使われたりしたそうである。現在はシリアの司法業務を担う部署が入っているとのこと。

ガイドを聞きながら市内のど真ん中を歩いていると子供たちがワラワラ集まってきた。やは

ウマイヤドモスクのサラフディーンの墓

り外国人は珍しいのだろう。子供だけではなく周りの大人もついでに写真を求めてくる。写真撮影に快く応じていたらツアーからだいぶ遅れてしまった。ツアーだと、自分のペースで動き辛い。

　検問をくぐるとアーケードであった。ウマイヤド・モスクにしろイラクのナジャフにあるイマーム・アリー廟にしろ、大モスクの入り口方向には門前町が形成されやすいな。大モスクだけあって規模も大きく、とてもにぎわっていた。

　アーケード自体はかなり古く、実家の愛知県一宮にあるシャッター商店よりもボロかったが、未だ現役で天井にはアサド大統領の肖像画とシリア国旗が交互に掲げられている。

　アーケード内で売っていたのは主に服であったり靴であったり結婚式用のドレスであったり衣類系が中心

かなり古そうなアーケード街

で、これに加えてに金装飾店があった。アラブ人ってみんな金が好きだよな。持参金文化が残っているのだろう。紛争国家と言えど、この金文化はイラクにしろシリアにしろ全く廃れていなかった。むしろ安定資産として重宝されているのかもしれない。

長い人混みを抜けると馬鹿でかい建物が現れる。ウマイヤド・モスクだ。おお～ちゃんと生き残ってるんや。シリア内戦が勃発した時、早とちりした僕はこういった遺産全てが灰燼に帰したと勘違いしていた。兎にも角にも無事にお目にかかれて感激した。現存する最古のモスクであり、ダマスカスがメッカ、メディナ、エルサレムに次いぐ第四の聖地と呼ばれる所以である。

まず本体のモスクではなく隣にある聖廟に連れていかれた。そこに祀られていたのはアイユーブ朝の創始者でエルサレム王国や第三回十字軍を打ち破ったサラーフディーンなどイスラーム世界の英雄である。そこではガイドがシリア内戦および対イスラーム国戦争でシリア国家のために殉死したクルド人のことを褒め称えていた。

ウマイヤド・モスク

解説をしてくれたモスクの案内人が北東部ロジャヴァのクルド人を分離主義者だと批判していた。イスラーム国掃討戦で功があったとはいえ、やはりクルド人支配地域に手を出せないのはシリア政府側からしても問題らしい。

しかしクルド分離主義者を批判するのは理解できるとして、なんでここで言うんだろと考えていたら、サラーフディーンはアルメニア出身のクルド人だった。現在のシリアはアラブ人国家であるが、昔はクルド人も楽しくやっていたから現状のクルド人分離主義者は悪ということらしい。

それから今日のメインイベントであるウマイヤド・モスクへと向かった。モスク入り口で靴を預ける。中は相当大きい。広く感じるのには、男女の仕切りがなかったというのも大きい気がする。シリアに来てからまだそんなに経っていないが、女性が半袖短パンでいるのも認められているぐらいには戒律がゆるい。

夜にまたウマイヤド・モスク近くの店でストーリーテラーの話を聞くことになった。寄席というか芝居というか、演台に長老っぽいおじいさんが座って千夜一夜物語について話し始めた。ここはシーシャもあり、吸えるなら吸おうと思って頼んだらフレーバーがレモンとダブルアップルしかなかった。シーシャは正直欧米系のフレーバーの方が美味いし種類も豊富で、中東へ行くと本場の場所に近づくほど味が減っていき、ここではとうとう二種類しかなかった。ただ提供まで二分とかからず出てきたのはよかった。

戦争博物館から他の都市へ　三日目

この日はまず戦争博物館に向かうようだ。シリアの戦争と言ったら隣国イスラエルとの中東戦争だろう。これは楽しみである。独裁国家にとって戦争関係はプロパガンダが最も色濃く出る分野である。バスが出発する前から浮き足立っていた。

場所は古都ダマスカス市の北側であった。市内の区画整理されてない曲がりくねった道を出て幹線道路を北上する。すると〝それっぽい〟建物が見えてきた。独裁国家が大好きなハコモノの登場である。市内はあくまで古き良き城壁都市という感じであったがこれこそである。

駐車場に入ると遠目に戦闘機やら戦車、装甲兵員輸送車あたりが見える。ガイドが門番の兵士とやりとりするのを眺め、しばし待って敷地内に入る。庭園の真ん中にモニュメントがある

博物館の建物には支援国である北朝鮮の名前が掲げられていた

が、その前を横切るとめちゃ怒られるらしい。庭には中東戦争で鹵獲した兵器が多数並べられていた。

中に入るといろいろと展示物があったが、一つの部屋に通されると席の前に立たされシリア国歌を聞かされた。その後プロパガンダ映画を見せられた。う〜ん、これは中々に独裁国家仕草である。

博物館を出て街の東部方面に向かう。ここら辺はシリア内戦で反体制派との攻防が繰り広げられた場所である。バスがドゥーマ市方向に進むにつれて、道路脇の建物が爆撃で崩壊しているのが多数見受けられた。アサド大統領がサリンで虐殺を行った悪名高き場所である。

するとツアーガイドがBBCやアメリカのジャーナリスト等を引き合いに出して、九九・九%サリン使用はなかったと個人的に思うと発言し出した。シリア内戦でサリンやら毒ガス攻撃が使われたのはフェイクニュースであるとも言った。プロパガンダ丸出しであった。

シリアに入国した直後は結構好き勝手みんな体制の話をしてい

爆撃によって崩壊した建物

たから言論の自由が割とあるかと思ったが、いきなりガチプロパガンダ混ぜ込んできて面白かった。虐殺者呼ばわりだけは許せないらしい。

シリア内の道路はかなり綺麗だった。一〇〇キロ移動した限り揺れを全然感じない。隣国レバノンの方がよっぽど酷い。

完全に崩壊している廃墟ホテル

焼け焦げたキリスト教絵画

マアルーラの街

次に降りたのはマアルーラの街である。ここも政府軍と反体制派が戦いを繰り広げた場所である。この街に入る時は入境許可証が必要らしく、検問所でシリア人観光ガイドが一五分ほど消えていた。

丘の上には廃墟ホテルが存在していた。中に入ると銃痕か破片による痕が見えた。反体制派との交戦や、自爆テロで吹き飛んだのだろうか。破損がひどいので再建はされず、そのまま観光地にしたようである。

　また渓谷の下部にある岩壁をくり抜いた教会には、攻撃を受けた際に焼け焦げたキリスト教絵画があった。ここら一帯の戦闘の激しさが窺えた。

　またバスに乗ると北上したと思ったらホムスを横切りいったん西に行くようである。

　次に向かったのはホムス西にありアルヌスラ戦線の占領地ともなった城郭クラック・デ・シュヴァリエの城壁である。十字軍によって建設されたものだ。軍事的要衝扱いなのか入り口の検問所を通過するのに一〇分を要した。

　最初は城壁から離れた丘から見たが、絶景である。ガイドは解説しながらトルコの軍事攻撃含む内政干渉は甚だ不快と言った。今のトルコは内政の失敗を隠すために諸外国への攻撃を繰り返したりしている、トルコがムスリム同胞団等やイドリブに

丘の上からの眺め

いるシャーム解放機構ら反体制派を支援していると。

今思えば、この頃からアサド政権はトルコの軍事的脅威は認識していた。だが反乱に対してなんら有効策を打てず滅亡した。これは失政と言えるだろう。

遺跡内は反政府軍が住んでいただけあって焼け跡の痕跡がところどころにあった。城壁から眼下に町が見えるが、この白の使い方は非常にヨーロッパっぽかった。

途中道路のど真ん中で乗っていた車が停車した。運転手が降りて対向車線側の方に走っていく。しばらくすると両手に灯油ボトルを抱えて走ってきた。話を聞くとこれはレバノンから密輸したガソリンらしい。

シリアではアメリカの経済制裁によって石油が配給制になっており、単位期間で購入できるガソリンの量が決まっている。その石油自体は二五〇〇ポンドで買えるが、足りないので必要な時はこうやって密輸ガソリンを買っているらしい。密輸ガソリンは一リットル六〇〇〇ポンドするとのことだった。

こんな主要幹線道路上で堂々と密売買して取り締まられないのかと聞いたら、密輸石油取引はボロ儲けできるので儲けた商人が政府の役人に賄賂を送り、賄賂をもらった役人たちも腐敗を隠すのにアメリカの対シリア制裁を体のいい言い訳にして、みんながWin-Winになるシステムになっているらしい。

沿岸部に近づくと明らかに内陸部と違って緑が増えてくる。主にオリーブ畑である。またホムス西部からオム湖北部は風が強く、風力発電が盛んであった。

夜間はシリアの海岸線近くを北上していたが、タルトゥースからラタキアの間では定期的にガスフレアが確認できた。ここは石油が算出するらしく、経済制裁下において貴重な資源であるようだった。

この日泊まったのはラタキアである。ここら沿岸部はアラウィー派が多数居住するアサド政権の強力な支持基盤である。ホテルも受付のところに写真が飾ってあってさすがという感じである。他の地域だとここまでやっているのは国立の博物館ぐらいである。

アサドの支持基盤からパルミラ、アレッポへ　四日目

朝起きて外を眺めるとリゾートホテルのような構造であった。シリアでも内戦の影響が少なく、重要拠点はだいぶ綺麗なよう

ウガリット遺跡

だ。内戦前はバカンスに来る人も多かったようである。

この日最初に見に行ったのはウガリットの遺跡である。ウガリットの遺跡は、今のラタキアにあるシリア沿岸の古代都市で、紀元前一四〇〇年頃から栄え、ウガリット文字が発明され、古代文学や宗教に重要な影響を与えた場所である。言語オタクとしては世界最古の音素文字であるウガリット文字に心惹かれていた。

次にサラーフディーンの城壁都市を見に行った。ここはビザンツ帝国の手に渡りながら十字軍国家のアンティオキア公国の時代に現代の形になった。だいぶ入り組んだ地形の中にあり先に訪れた城壁と違う形だが防衛拠点としては堅固な作りをしていた。

お昼ご飯は海鮮料理であった。私は魚嫌いなので肉を食べていたが、地中海に面しているだけあってここら一帯は漁業が盛んで郷土料理もこういったものになるようだ。

タルトゥースはロシア海軍が地中海に持っている基地があるところである。世界では唯一こ

沖合に見えたロシア艦艇

こだけにあり、地中海を拠点に中東やアフリカへの影響力を行使する前衛拠点となっている。

夕方タルトゥースの街に着くと沖合にロシア艦艇が見えた。沖合にあるシリア唯一の有人島アルワード島に向かって船に乗った時、ロシアの駆逐艦がミサイルを発射した。その後のニュースによるとイスラエルがアレッポ空港へミサイルを発射したのに対する防空ミサイルのようであった。

ミサイル攻撃を見た時、ツアー客の中にいたウクライナ人とシリア人がミサイルなんて当たらへんから深夜三時に防空ミサイルが発射されても気にならないと笑っていた。戦争が日常になるとそんなもんらしい。

夜には近くでバクラバ（トルコや中東では定番の、ナッツを挟んで焼き上げた甘いパイ）を買って食べながらホテルから離れたビーチまで行った。そこでシーシャを吸いながらショットを飲みまくった。場所によっては遊べるところもあるが、有力な支持者とか金持ち、外国人観光客向けといった感じであろう。

次の日。この日の大本命であるパルミラの遺跡へと向かう。パルミラはシリア中部に位置する古代都市で、イランのペルセポリス、ヨルダンのペトラ遺跡と合わせて3P遺跡と称されるユネスコの世界遺産である。パルミラは紀元前二千年頃から人々が住み始め、紀元前一世紀から三世紀にかけてシルクロードの重要な中継地点として繁栄した隊商都市である。この都市は、ローマ、ギリシャ、ペルシャの文化が融合した独特の建築を持ち、特に神殿や凱旋門、劇場などが知られている。

しかし、二〇一五年~二〇一七年にはイスラーム国による凶悪なヴァンダリズムによって破壊活動の標的となり、多くの貴重な遺構が損傷や破壊を受けた悲しい歴史をもつ遺跡でもある。ただこの通り隊商都市なのでシリア砂漠のど真ん中にあり、他の主要都市からはかなり離れている。そしてシリア砂漠にはイスラーム国の残党や反体制派の拠点があるので軍事的に重要性のある土地だ。このことは事前に警告を受けており、シリアやロシア軍などの駐屯する兵士は撮影するなと言われた。

砂漠を走り始めて数時間、道路脇にロシアの移動型電子戦車両一〇台近くが配備されていた。位置を確認するとパルミラとホムスの間に配備されているようだ。レーダーの範囲を計算すると、ちょうどシリア東部方面に国境があり全域を押さえている模様。さらに東のデリゾール県の位置を考えるとパルミラを基準に点対称の位置にもう一個基地がある可能性があった。

パルミラの遺跡に行く時に軍人をフルで乗せた車両二〇台近くとすれ違った。このバスの形式としては大型観光バスから市内交通機関に使われるようなバスもあれば、たまにマルシュルートカみたいな一〇人乗りバンに数人乗せたものもあった。

パルミラの基地近くにある城壁はロシア軍が押さえているが、周辺各地の道路沿いには砂漠に掘られた塹壕と、それに囲まれた基地が散らばっている。だが盛り土に白い石で文字が書いてあったりして遊び心もあった。焼けた自動車もあえて放置して飾ってあった。

イスラーム国に占領され爆破された悲劇の遺跡パルミラ遺跡を実際に見てきた。イスラーム国はイスラーム教勃興以前の遺物や多神教、偶像崇拝を認めず破壊してきた。

確かに遺跡の入り口付近の彫像らは爆破されていた。爆破された遺跡を確認しようと思ったが、それにしてもマジで暑い。気温四五度は人生で初めてである。というより痛い。長袖を着ていたからいいものの、この直射日光で半袖でいようものなら皮膚は焼け爛れて下手すると病院送りになりかねないレベルだ。

この気温は本当にやばかった。小型カメラのGoProが熱に耐えられず動作不良を起こしたし、撮影済みのデータもバグって

パルミラ遺跡

かなり破損し、使い物にならなかった。熱暴走自体は長時間の動画を撮影をしている時に経験してはいたがここまでではなかった。アフリカのジブチとか行く時には気をつけなきゃ……。

遺跡内はまだ仕掛け爆弾や不発弾が残っているとは言われたものの、ある程度自由に歩けたのでグループを離れて一人で歩いてみた。基本ルートから外れたところには、内戦をしていた時の薬莢が回収し切れておらず落ちていた。人類の宝で戦争するなよと暗澹たる気持ちになった。

破壊され柱が折れた状態の博物館や遺跡でも交戦時の薬莢が落ちており内戦の爪痕を感じていたが、とはいえこれほど大規模な遺跡には終始圧倒された。

あとに内戦前にシリアを訪れていた先輩と会った際、この破壊されていた遺跡の写真を以前の様子を見比べてみたが、確かに多くの箇所が爆破されて形が変わっていた。

ローマ劇場は上に登ることができた。普通の国だったら立ち入り禁止とかの注意書きがあるような場所だ。アフガニスタンでもバーミヤンの遺跡に登れたが、遺跡管理がガバガバなとこ

ローマ劇場

ろだと普通は入れない場所に立ち入れる。

他の建物も登れなくはないのだができてから二〇〇〇年近く経っていていつ壊れるかわからない。ローマ劇場なら作りがしっかりしているし、イスラーム国の爆破の影響もなさそうだった。上から見ると立派な劇場である。この中でイスラーム国は捕虜の処刑をしていたんだなぁ。

この遺跡に隣接する博物館に入ると、建物自体が砲撃でかなり損壊しており天井を支える柱が折れていた。ネットミームの〝現場猫〟が頭の中で警告していたがそもそもそれならシリアに来るべきではないのでさっさと内部を見学して撤退した。

遺跡からバスに戻る時にパルミラ市内を歩いた。この街も灰燼に帰していたので写真を撮っていたら、軍事施設があるからと怒られ写真を消去させられた。幸いこれは非表示フォルダに移してあったのでいくつかはセーフだった。

それからアパメイアの遺跡に向かった。アパメイア遺跡は、シリアの古代都市でセレウコス朝の四大都市の一つであり、紀元前三世紀に創建された。ローマ時代に繁栄し、大規模な道路

市内で見かけた壊れた信号機

や神殿、劇場が建設された。文化や商業の重要な中心地であり、特に広大な円形の広場と柱廊が特徴的で、ユネスコの世界遺産にも登録されている。

シリアのイドリブにある反体制派の拠点に近いからか、町に住んでいる人は少なく、丘には偽装網の下に装甲車が隠されていた。

遺跡の周辺にはポツンポツンと家があったがどれも廃墟で無人地帯と化していた。

アレッポ市内の破壊された建物

シリア第二の都市　アレッポ

二〇二四年末のシリア内戦で最初に陥落した都市である。イスラーム国時代にも主要都市の一つであったこの都市はシリア内で二番目に大きく地域の要衝であった。

アレッポまでの道路は渡航した数年前までは普通に反体制派が占領しており、二〇一六年に奪還されるまでは迂回しないと辿り着けなかった。今回の武装蜂起でもこのダマスカスとアレッポを真っ直ぐに結ぶ高速道路沿いをダマスカスに向けて進軍しており、この幹線道路の重要性が窺える。

道路で北上しているとアレッポと書かれた道路標識が現れた。数々の戦いで名を轟かせた都市名を目にして期待に胸が踊った。走っていた場所から二キロの地点に最前線があると聞き、その距離だと情勢次第では普通に砲撃が飛んでくる距離じゃないかと思ったりした。

幹線道路の脇には焼け落ちた自動車が何十台と転がっており、直近まで戦争していたんだなということを強く感じさせられた。

アレッポ市内に着くと明らかに破壊された建物が多い。僕らが泊まるホテルは市内中心部のニュースでよく目にする場所であった。近くの政府庁舎は内戦時に攻撃を食らって破壊されたまま放置されていた。

ご飯をサクッと食べてからアレッポ市内にある色々な宗派の教会を見に行くことになった。ここにはイスラーム教スンニ派、シーア派からアルメニア正教会、キリスト教、ドゥルーズ派まで、多様な宗教の信徒が住んでいて、攻防戦があった影響で原理主義者の攻撃が近くまで来たりと大変だったらしい。教会の近くに着弾した時もあったとのこと。

シリア内はこのように宗教的多様性があり、アサド朝が崩壊したあとこれがどうなるかはわからない。ロシアが軍事支援する理由の一つもシリアの正教徒の保護をするためともいわれていたが、こればかりは先にならなければわからないだろう。

この日は市内中心部にある五つ星レストランに行った。中東圏の人たちはこういう星付きホテルのアピールをやたらとしてくるが、正直何の基準だかわからないし全く信用していない。他の星付きと違って、国内の相対的な評価としか参考にならないが、まぁ当該レストランは綺麗ではあった。

ご飯を食べながらシリア産の赤ワインに舌鼓を打ったが、値段は一人当たりせいぜい二〇〇〇円弱といったところか。バカ安かった。

分離主義者を許さない

アレッポ城では一番高い塔の上からガイドが「あっちが昨日空爆されたアレッポ空港ですよ〜」ってブラックジョークを言っていた。

アレッポ城の中には十二・七ミリ弾と思しき薬莢が落ちていた。内戦時には市内で一番高いところにあるアレッポ城は戦略的に重要な場所となり、ここを政府は防衛拠点としたらしい。一〇〇〇年以上にわたって戦争の重要拠点だった場所はなかなかに興味深かった。

アレッポ国立博物館に行くと入り口のところにロシア軍がいた。入り口の横の監視施設にZ

と書いてあって笑ってしまった。アレッポ国立博物館の目録を買うと、一・五万シリア・ポンドした。本の値段は割と普通らしい。

アレッポ城周りの旧市街は瓦礫の山となっていた。二〇一一年から続く内戦に端を発した政府軍と反体制派との対立は、二〇一二年七月にアレッポ市内にも拡大し、一部では市街戦にも発展したため、市民の多くが市街地から避難を余儀なくされた。九月には戦闘により市場にて火災が発生し、歴史的な店舗の大半は消失していた。

残っていた建物も砲撃などで散々な壊れようであった。通行するために瓦礫だけ端に除けて積んである様子は東日本大震災の被災現場に似ていた。店によっては天井がなかろうと細々と営業を続けているところもあった。あまり雨の降らない地域だからこそなせる業かもしれない。

それからアレッポ石鹸の工場を見に行った。現在では従業員が難民として土地を離れ少なくなってしまったので、作れる量が限られているとのこと。また経済制裁の影響もあって輸出入が大変らしい。

土産物ショップに行ったがかなりクセの強い店で、アサド大統領のタペストリーやシリアのバッジなどが売られていた。俺も一つ欲しくなりアサド大統領が描かれた国旗を買ってしまった。この国滅びたからメルカリで高く売れねえかな。

夜はこの町で人気のケバブ屋に行くことになった。確かに近くに行くとかなり人が並んでいる。面白いのが支払いだ。これだけ多くの人がケバブを次々に買っていくので、インフレした紙幣だとすぐに札束になる。会計している人の周りには札束が袋の中にゴロゴロと入っていた。

次の日は朝ご飯を食べたあとにバロンホテルに行った。ここはアレッポの名門ホテルで、『アラビアのロレンス』で知られるトーマス・エドワード・ロセンスやアガサ・クリスティ、ケマル・アタチュルク（トルコ初代大統領）が泊まったホテルとして名が通っている。昔はここに泊まれたらしいが、所有者のおばあちゃんが年を取ってきつくなったらしく、今は観光客を通すだけらしい。

その後は自由時間となった。ダマスカスもそうだったが市内を自由に歩いていいらしい。だったらそもそもツアー強制参加の入国しかできないのをやめてほしい限りである。

アガサクリスティの『オリエント急行殺人事件』の冒頭部の舞台である、アレッポ駅へと向かった。僕が読書にハマったのは推理小説からで、この本もその頃に読み読書の楽しさを教えてくれた思い出がある。一五年経ってようやく実物をこの目で見られることに感無量である。

アレッポ駅は内戦の影響もあって運行を停止していたが、アサド朝が倒れた今、また復活してトルコ側と接続したりする可能性も無きにしも非ずである。

水車の街ハマー

ここハマーは今回のシリア内戦で最も激しく攻防戦が行われた都市である。また、ムスリム同胞団が誕生した場所でもある。この日訪れたレストランの地下にはもともとムスリム同胞団の基地だった場所があった。こういう場所を観光地にするところは、シリアもよくわかってる感がある。内戦が終結していないのに旅行するような物好きが行きたがる場所をよく理解してるわ。

ハマーの中心部にあるのは水車である。この水車の歴史は五世紀くらいにまで遡るらしい。その歴史的な象徴性もあってハマーが陥落した時にはこの水車の前で写真を撮る兵士やメディアもいた。この水車によって引かれた水のおかげで市内各地には風光明媚な庭園建築があった。

シリア側からラッカに行く方法があるのか聞いてみたがそれはないらしい。現時点でもそうだが、イスラーム国からクルド人部隊が奪還した時からラッカの実効支配をしているのはクル

ハマーの水車

ド人であり、イラク側からしか入れなさそうである。

再びダマスカスでプロパガンダを聞く

夜は観光ガイドをやってくれたラミの恩師の家にお邪魔することになった。ラミはシリアで観光学を学びこの職に就いているらしい。

室内に入るとラミの恩師が飾ってあった記念写真を見せながら、シリア内戦前の平和な頃に各国の要人を案内した時のことを話していた。一通り話が終わるとシリアの化学兵器使用はないと強弁し始めた。ただ彼自身は自分のことを中立な立場と言い、レイプ事件について話したり隠された真実について話したりもしていた。シリア内戦時にサリンを使用していないと強弁することが観光ガイドの使命らしい。

シリアは中東唯一の世俗イスラーム国家だと誇っていた。ヨルダン、サウジはもちろんのこと、トルコを過激なイスラーム国家だとも。これはまぁ半分は正しいだろう。ただシリア内で信教の自由が許されているのはあくまでアサド政権に従った者のみである。抵抗した者たちはサイドナヤ刑務所に送られて消されたりしている。

さらにイスラーム国もアルヌスラ戦線も自由シリア軍も全てHoly shit!!!　と言っていた。いや普通にアサド政権の方が人殺してるだろと突っ込みたかったがさすがに言えなかった。真面目に聞いてもしょうがないので室内を観察してみたが、迫撃砲弾の火薬を抜いたガワを花瓶にしてたのが面白かった。

最終日

最終日にサイーダ・ルカイヤのモスクに行った。ここは、第三代イマームのフセインの娘であるルカイヤの墓を含む重要な宗教的施設である。シーア派ムスリムにとっては聖地でありイラクやイランから人々を引き寄せていた。また、ルカイヤの物語は、カルバラの戦いのあとの悲劇を背景にしており、信仰やレジリエンスの象徴とされていて、中で語り部が話しているのを聴衆が大泣きしながら聞いていた。

こんな感じでシリア・アラブ共和国旅行は終わった。この時代はツアーでしか入れず流れ作業のように旅程が進んでしまうのでいつものような探求はし辛かったが、政治情勢を色濃く反映した雰囲気を感じられたのは面白かったと思う。

ぜひ、近いうちに再訪して新生シリアを見て、アサド時代との差を確かめてみたいものである。

アルツァフ共和国（ナゴルノ・カラバフ）渡航失敗記

他の章では成功した旅、目的を達成した旅の話しか出していないが、当然のこと、渡航を狙っていて失敗したこともある。今回はその中の一つ、アルツァフ共和国（またの名をナゴルノ・カラバフ共和国）という国に渡航しようとして失敗した時の話を書いていこうと思う。

アルツァフ共和国という名前は世間的にはかなり馴染みの薄い名前だろう。この国は未承認国家の一つである。未承認国家はわかりやすくいえば台湾とか北朝鮮である。台湾を国として認めているのは世界でも一〇ヶ国強しかない。北朝鮮は日本やアメリカ、韓国は国家承認していないが、世界の一五〇強の国が承認している。

それと比べてアルツァフ共和国を承認している国はアブハジア共和国と南オセチア共和国と沿ドニエストル共和国の三つの国だけである。なんならこの三つも未承認国家であり、相互承認しているだけである。アルツァフ共和国はそれに加え、事実上アルメニアの保護国で傀儡政権下である。

ここは一九九〇年代、ソ連の解体と共に領土争いが始まって戦争が起きた。国際法上の国境線ではアゼルバイジャンの領土内だが、アルメニアが事実上三〇年にわたって支配してきた。直近数年を除いて未承認国家の中では比較的落ち着いており数々の旅行者が訪れていた。そう、最近までは。

流れが変わったのは二〇二〇年。アゼルバイジャンが突如としてアルツァフに侵攻した。侵攻ペースは早く、アルツァフ共和国の領土はあっという間に外側から刈り取られた。すぐに国際的な停戦交渉が行われたものの、元々アゼルバイジャンの領土内なので撤退する気配はない。アルメニアからアルツァフまでの道であるラチン回廊も主要道路が陥落し、代わりに設けられた道路もロシア軍が監視しているだけでそれ以外はアゼルバイジャン軍の管理下となった。

この日を境に停戦はしているものの散発的な衝突がずっと続く時代に突入した。ソ連から独立した当時は工業力の高いアルメニアの方が強かったが、カスピ海油田の発見や軍政改革で着実に実力をつけていたアゼルバイジャンの前にアルメニアはほぼ無力であった。

あ、あかん、これは国が消える。このニュースを見てそう思った。さすがに戦争直後だと不発弾や地雷のリスクや再戦するリスクがあるし様子見していたが、悠長なことを言っているとアフガニスタン・イスラーム共和国のようにまた情勢が大きく動いてしまうかもしれない。そんなわけで早速アルメニアに赴いた。

アルツァフ共和国までの行き方は今まで何通りかあったが、情勢が情勢だけに全てあてにならない。基本的に戦乱が起きている時は朝令暮改で制度が変わるため、一年前の記録ですら役に立たずググってもあまり意味がないことが多い。

その中で数ヶ月前にアルツァフ共和国に渡航した人がいるらしいとの話を聞いた。現地人は割と自由に旅行できるが、外国人旅行客も渡航できたという事実を聞いて実現可能性があると考えた。

アルツァフ共和国大使館へ行ってみるとまだ稼働していた。傀儡政権の国だからハコモノは立派であったがその割に警備も中のスタッフも全然いない。こんなものなのか。北キプロスのトルコ大使館は国会よりでかいぐらいであったがここはわからないな。

とりあえず中に入ってみて受付らしき人に話しかけてみる。アルツァフ共和国に行きたいのでビザ申請をしたいのですが……。

なんとか申請が終わったが、返事は電話でするとのこと。いやまじか、俺アルメニア語とかロシア語で電話きても返事できないぞ？　そう言うとその場合は英語できる人と代わるか、ロシアが語話せる人を自分で見つけてくれとのこと。

とりあえず電話番号を教えてもらい、アルメニアの首相パシニャンをアイコンにして連絡先に登録しておいた。結果は二週間先とのこと。めちゃくちゃ長いやんけ。

アルメニアで二週間待たなければいけなくなってしまった。元々は早いと当日、長くて数日以内にはビザが発行されていたようだ。ただこの情勢下だとどうしようもない。普段より審査に時間がかかるのだろう。申請自体は受け付けていたので待てばいいんだという安心感はあった。

二週間後、執筆作業しながら田舎の街で待っていた時に電話がかかってきた。自分で設定しておいたアイコンにびっくりした。電話をとったがアルメニア語かロシア語で話していて、ところどころしか言っていることがわからない。ちょうどAirbnbの家主がいるところだったので事情を説明して代わりに電話を受けてもらった。

内容としては、ビザの発行はできないとのことだった。申請時はいけるって言ったじゃないかと言い返すと情勢が変わったとかなんとか。そして、もう一回申請するのは可能だと言われたので待ち時間を聞くと、また同じく二〜三週間とのこと。いや長い、長すぎる。アルメニアでそんなに長期間時間を潰すわけにはいかない。

基本的に僕は動いてないと死ぬタイプなので、バカンスというか休息で長期間じっとしていると発狂しそうになる。本を読んでいるなら可能だけど、海外で、せいぜいネットサーフィンくらいしかやることがないところで二週間も待った上にさらに二週間無駄に時間を使うのは厳しい。断念するしかないのか。

なんで失敗したのかわからないのでニュースを見ていると、アルメニアとアゼルバイジャンの停戦合意が数日後に発表された。あー外交交渉中なら外国人観光客なんか入れたりしてる場合じゃないか。これはタイミングが悪いぞと悟った。多分まだ情勢は流動的であり、二週間待ったぐらいじゃどうにもならなそうなので一回撤退した。

二〇二三年九月、アゼルバイジャンは再度アルツァフに侵攻した。停戦監視しているロシア軍も本国の戦争でやる気がなく、アルメニア・アルツァフ連合軍も諦めているのかあっさり敗走して撤退した。ここにて三十二年のアルツァフ共和国の歴史と私の渡航チャレンジは幕を閉じた次第である。

「国は思ったより簡単に滅びるから行けるうちに旅行しておきなさい」という個人的な訓戒をまたも痛感した出来事であった。

コラム　限界旅行者が教える（ガチめの）旅行テクニック❸－1

旅行中の装備

・パスポート・場合によってはビザ
・財布×三
・クレカ×四～五
・米ドル
・スマホ三台
・モバイルバッテリー
・ライトニングケーブル×5
・Macbook Pro
・Macbook Air
・Type-Cケーブル×二
・Go Pro
・延長コード二メートル×二
・イヤホン×二
・MicroBケーブル×二
・スマホ用三脚
・乳液
・日焼け止め
・リップクリーム
・コンタクトレンズ×半年分
・コンタクト保存液一式
・ピンセット
・ドライヤー

・箸×五
・おろし金（ニンニク用）
・スプーン、フォーク
・塩コショウボトル
・スマホ保護フィルム予備×三
・トレランシューズ
・チャリ用ライト×二
・長ズボンと長袖（宗教上の配慮、砂漠地帯の乾燥対策、熱帯等での蚊などの物理的咬傷対策）
・下着×五
・靴下×五〜六
・コート
・マフラー、ネックウォーマー
・リュック×二（一個は都市間移動で荷物をまとめる用、もう一個小さいのは市内で身軽に歩く用）
・安全ピン（マメとか潰せる）
・クリップ（SIM交換用）
・つまようじ（飯を買ってきた時に意外に使える）
・爪切り（飛行機に持ち込める万能な刃物）

順番に説明していこう。

・強盗・盗難対策

財布やスマホが複数あるのは強盗やスリへの対策である。そもそも論として、被害に遭わなければ失うリスクがないのでスリとかには遭わないようにすることが大事だが、強盗は銃が出てくる可能性がある。遭遇したら要求通り渡す前提に立つと、無くなった時のことを考えておかねばならない。命より高いものはない。

そのため、いつでもすぐ強盗に渡せるように捨て財布と捨てスマホを用意しておく。僕が中南米に行く時は秋葉原で事前に1000円のジャンクiPhoneを購入しておいてそれを持参する。財布も百均のものである。

これを分散して持っておく。寝巻きのような短パンを長ズボンの下に履き、そこにメインのスマホを入れておく。そして上のズボンのポケットには先ほど用意した捨ててもいいスマホと20ドル相当だけ入れたダミー財布を入れておく。こうすることで強盗に遭っても損失額を抑えることができる。

基本的に高価なものは持ち歩かずほぼ手ぶらの状態にしておき、最低限の交通費と食費程度のお金を持ち歩き、可能ならクレカで支払う。リュックごと盗られるパターンもあるのでその場合は嵩張るだけで大して価値のない物を入れておくようにする。

つづく

7

男しかいない国
～アトス自治修道士共和国～

もし男（女）だけの世界があったら……？　そんな仮定をしたことはないだろうか？

今回は男しか入れない国に行ってみた時の話だ。それがアトス自治修道士共和国。その名の通り修道士たちが強大な自治権を持った事実上の国家だ。

この国の住人は全員オス。外部から入れる性別もオスのみ、修道院で飼っている家畜も全部オスである。道ですれ違うのは全員おじさん、修道士はもちろん男性。僕も男性。犬も馬も全部ブツをぶら下げていた。

馬ももちろんオス

繁殖行為ができないので人間も動物も外部から供給されることで成立し、ここで居を構えた者は生涯この地に住まい、それ以降死ぬまで女性を見ることなくここで祈りを捧げ続ける。

そんな宗教自治国家であるこの国に入るのには巡礼ビザを取得しなければならず、異教徒で巡礼が許可されるのは一日にたったの一〇人までとなっている。普通は数ヶ月前に予約をしないと許可が下りず入れないので、長期旅行者やスケジュールの融通がきく自営業の人、定年退職した人ぐらいしか行けなかった。

僕もそのくらいの待ち時間は覚悟して巡礼事務所に問い合わせメールを送ってみた。そしたら簡潔に「いつ?」とだけ返ってきた。あれ、空いている日提示されてこっちが合わせるわけじゃないのか?

いくつかやり取りしてみると、どうやらコロナで巡礼者が激減しているらしく、かなり融通が利くようになっているようである。それなら後回しでいいやと思い先にアフガニスタンやシリア、アルツァフ共和国チャレンジを優先することにした。

チャレンジが二勝一敗で終わり、予定の調整も落ち着いたので再度打診してみたら同じような回答であった。思い切って最短で何日でいけるのか聞いてみたら、次の週には巡礼ビザ発行可能とのこと。コロナ万々歳である。

突発的ではあるが、これぞ旅の醍醐味である。その日のうちに申請し了承を得たのでこちらも急いで準備し始めた。

ここで一つ問題が生じた。アトス自治修道士共和国に入るにはギリシャの国境を越えなければいけない。一年ほど前、僕はトルコの傀儡国家である北キプロス・トルコ共和国へ入国しており、パスポートにあるスタンプを入国審査官に見られると入国拒否される恐れがあった。

リスクを減らすためにはギリシャがシェンゲン協定加盟国なのを利用して一回どっかの国を経由するなどして、トルコ以外の第三国からギリシャに入国しなければならない。そんなわけでとりあえずアルメニアからジョージア、トルコ、ブルガリアを経由した陸路三二〇〇キロ二泊五日移動を決行した。


ギリシャのテッサロニキに着いた。十一月の末であったが地中海性気候とあってとてもいい天気・気候であった。

巡礼ビザ自体はアトス半島の付け根にあるウラノポリという街で発行されるとは聞いていたが、それ以外どうにも勝手がわからない。テッサロニキに巡礼者オフィスがあるらしいので色々確認してみることにした。

巡礼者事務所はテッサロニキの中心部にある大通りに面している。地図で示されている場所に向かってみると本屋である。中はキリスト教関連の本で埋められていた。土産物屋にしてはでかいなと思ったが、肝心のオフィスの位置がよくわからない。

店員に聞いてみたら、どうやら店とオフィスを兼ねているようである。曰く、当日身分証のパスポートさえあればウラノポリにあるオフィスで諸々の手続きが完結するとのこと。ただ昨今の事情により抗原検査をする必要があるらしい。

とりあえず必要最低限の準備があれば特に問題なさそうであった。あとは食料問題である。アトスでは修道院では寝る場所から食事、なんならワインまで提供されるが、一日二食ではどう考えても僕の消費カロリーからすると足りない。

そこでテッサロニキ市内にて袋麵を大量に買い込んでおいた。袋麵なら最悪水さえ確保できれば三〇分浸すだけで柔らかくなって食えるからである。災害時にも使える限界旅行ライフハックである。嵩張るがパンよりは確実に日持ちする。

準備を整えたところであとは当日早起きするだけである。アトスに行くフェリーは一日二便あるが朝九時の便を逃すと昼すぎまでない。そしてテッサロニキとフェリーの発着場のあるウラノポリは一〇〇キロ以上離れている。朝早く起きてバスに乗らないと辿り着けないようになっている。朝弱い人は弾かれる仕組みである。結局中に入ったあとで早起きするはめになるので、これくらいできないと厳しい。とりあえず荷物は最低限にし、残りの荷物はホテルに預けることにした。

翌日早く起きることに成功しバスを探す。無事バス停に辿り着くともう雰囲気が違う。巡礼衣装を着たおじさんが数多くいる。その中には髭をたくわえた修道士と思しき人も見受けられた。皆男である。すげえ。

バスのチケットを買う。ここまでは地元住民もいるのか普通の手続きであった。しばらく待っていると玄関口ウラノポリ行きのバスが来た。

巡礼ビザはここで受け取る

アトス巡礼ビザ取得

アトスへの玄関口であるウラノポリに到着した。バスが止まった真横でなにやら皆が待機し始めた。気になって聞いてみるとここでコロナの簡易抗原検査をするらしい。

ギリシャ語で多分陰性と殴り書きされたメモ用紙を受け取ると、指さす方に向かえと身振り手振りで示された。

皆が歩いていく後ろをついていくとこぢんまりとした建物があった。海外でよく見かける両替商のような間仕切りのある一フロアのオフィスである。数人ほどの列に並び、見よう見まねでパスポートを見せ五〇ユーロを渡した。すると

「日本人じゃないか！！！　ドイツぶちのめしてくれてありがとう！！！！！」

と絶叫し、他の職員にも触れ回り始めた。ワールドカップで日本がドイツに逆転勝利した数日後であった。

やっぱサッカーってすげえな。五日間移動に費やしていたのでダイジェスト版しか見ていなかったが、浅野、堂安のお陰で大歓迎だった。ありがとう。それにしてもギリシャ危機の時にいじめられただけあってドイツに対する恨みは深い。このあとも日本人と自己紹介すると幾度か感謝されることがあった。

盛り上がっている間にあっさりとアトス自治修道士共和国の入境許可証が発行された。

これでアトスに三泊四日で滞在する権利を得たわけである。

首都カリエスへ

あとはフェリーで向かうだけである。チケット売り場が波止場近くにあると言われたので行ってみたが、想像よりだいぶ離れた位置にあり少し歩かされた。

チケット売り場ではどこ行きかを聞かれた。首都カリエスにのみ向かうものだと思っていたが沿岸部沿いの修道院ごとに港があり、そこに接岸しながら運航しているようであった。僕は首都カリエスに行ってビザ延長手続きがしたかったので、最寄りの港であるダフニ行きのチケットを買った。

ウラノポリの街では女性が普通に働いていた。ここからしばらく女性を見ることがなくなるのかと思うとなかなか面白い。イスラーム国家でも女性と話す機会は少なくなるが、見かけないわけではない。

朝ご飯代わりに土産物屋でエナジードリンクとパンを買い、再度船着場へと向かうと巡礼の正装をした正教徒が大勢いた。その後ろには車も列をなしていた。車両も持ち込みできるらしい。

一〇分ほど待っていると汽笛とともにフェリーがやってきた。

フェリーに乗る時に船員が巡礼者ビザを確認していく。流れは海上入国するのに近い。ダフニ港に着くとぞろぞろと人が降りた。流石にメインの港である。土産物屋があり、そこに吸い込まれていく人が多かったが、買い物は帰りで良いかと思い小さいバスに小走りで乗り込んだ。

アトス半島行きのフェリー

沿岸部にある修道院に接岸する様子

ロシア正教会、聖パンテレイモン修道院

目論見通りバスは早々に埋まり、すぐに出発した。土産を見ていた人は次のバスが帰ってくるまで待たねばなるまい。バス内を回ってくる添乗員からチケットを買った。カリエスまで五ユーロだった。一日二回しか寄港しない港と首都を結ぶ路線がこの値段で、経費が賄えるのか心配になってしまった。

アトス半島は東西に五キロ南北に四〇キロほどの細長い半島であるが、中心部に尾根があり、その南端がアトス山となっている。バスは海抜〇メートルから尾根に向かって六〇〇メートルほど登ったところにある首都カリエスへと向かう。坂はかなりきつく未舗装地帯が多かった。しかし並行する道路が舗装中で文明化しかけていた。訪れたのはギリギリのタイミングだったらしい。

途中、巡礼者がえっちらおっちら歩いていた。あれ、歩いて島内移動できるのか。それなら次からは歩こう。一日に五〇〜七〇キロの山道を走って喜んでる僕である。お金を払ってでも山道は走りたいぐらいなのである。

首府カリエスに到着するとある者はそのまま街の中心部へ、またある者は別の乗合バンに乗るなど、皆散り散りになった。軽バンでここから各方面の修道院へと向かうらしい。

僕はそのまま政庁が置かれている宮殿へと向かった。途中郵便局や、聖遺物を模した絵画や十字架などを売っている土産物屋があった。個人経営のスーパーもあった。あらこれお腹空いたら食べ物買えるじゃん。と散歩していたら役所に到着した。あくまで人口二〇〇〇人程度しかいないので規模としてはそこまで大きくない。

他にも人が来るのかと思っていたが全く見かけない。合っているかわからなかったがとりあえず入ってみた。

建物の中には奥に人が一人いただけであった。Ελληνικά、English? と聞かれた。古典ギリシヤ語をやっていたお陰でところどころわかるが、ここは無難に英語を選択した。

「ビザの延長手続きをしに来ました」

少し前に発行したアトスの巡礼ビザを見せると係の人は笑った。

「三泊終わってもっと滞在したいからじゃなくて、最初から延長しに来たのか」

どう考えても三泊じゃ半島内の二〇個の修道院を周りきる

アトスの首都、カリエスにある政庁

のは不可能である。戦略的に最初から延長する気満々であった。

一応お上の裁決要るから椅子に座って待っていてねと言われて待っていると、別の人が出てきてウゾーとルクミを出してくれた。おぉ〜〜、政庁でもこれもらえるのか。ここで言うウゾーはギリシヤやキプロス島で作られる蒸留酒で、ルクミは砂糖水にコーンスターチを溶いて固めた甘いお菓子である。

さっそくウゾーを流し込む。ほぼ空きっ腹だったので喉と胃がカッと熱くなる。キリスト教圏って酒が飲めるのは本当にいいよな。政庁職員と雑談していたらまたしてもワールドカップの話になりドイツを倒してくれてありがとうとお礼を言われた。どこの人間もザ・ギリシヤ人って反応で面白かった。

記念に写真撮影していたら許可が下りたようでビザが延長されていた。次に乗る航空券に合わせて申請した通り追加で三日泊まれるようになっていてありがたかった。

イヴィロン修道院

さてようやく準備が済んだので目的としていたイヴィロン修道院へと向かうこととする。なぜならここには日本人修道士がいるとの情報を聞いていたためである。日本でキリスト教徒といえばカトリックかプロテスタントである。正教会教徒になる日本人とはどんな人物なのか、是非ともお会いしてみたかったのである。

街を歩いていくと修道院関連の建物の他に普通の住宅がちょこちょこあった。これがいわゆる修道小屋の「ケリ」と呼ばれるものか。わりかし普通の田舎って感じだな。女性が全く存在しないことを除けば。

首都の街を抜けていくと細かな道が現れ始めた。フィットネス用アプリStravaの地図情報を見てみると、細かな道が半島内にびっしりとあるのを確認できた。元々巡礼者たちは歩いて移動していたのであろう。各修道院の間やそれらとこの首都カリエス、その他別院を結ぶようにびっしりと張り巡らされていた。

これは登りがいのあるところだな、可能な限り舗装路は避けてこの山道を歩こう。そうやって歩いてみたがイヴィ

右／中世からの古道を歩いていく
左／小高い丘からのアトス半島の眺望。奥には正教会の一大聖地アトス山が聳え立つ

ロン修道院はアトス内でも四本の指に入る大修道院である。道は踏み固められていてとても歩きやすかった。

少しばかり歩いていると聖地アトス山が見えた。標高は二〇三三メートルあり遠くからでもしっかりと見えた。

そのまま歩き続けるとどデカい修道院が見えてきた。手前にはこれまた大きな畑や果樹園がある。修道士が自給自足というのは本当なのか！

門のところに休憩中のおじさんたちが何人か座っており話しかけてきた。どうやら彼らは（まぁこの国は男しかいないので人称を絞らなくても性別がわかる）、修道院周りの木々を剪定している人たちで修道士ではなかった。

自己紹介をすると今日何度目かわからなくなった日本礼賛とドイツへの罵倒を聞いた。ドイツ嫌いすぎだろ。

雑談を終えると中へと案内された。そこらを歩いている修道士に今日泊まる旨を伝えれば誘導してくれるらしい。

丘の上から見たイヴィロン修道院

日本人修道士との邂逅

修道院内に入って受付方向に歩いていると中を歩いていた修道士が話しかけてきた。今日ここイヴィロン修道院に宿泊したいと伝えると勿論いいともと快諾してくれた。予約なしだったので失敗したらまた別の修道院にアタックせねばならないところだった。一安心である。

その修道士はオーストラリア人であった。めちゃくちゃ気さくで日本から来たことを伝えると「お～ここの修道院に日本人の修道士いるよ！」と。噂には聞いていたが本当にこの自治国家で修道士として祈りを捧げている日本人がいるようである。「お、ほらそこにいるよ」彼は手を振って呼び寄せた。

「あ、どうも、日本から来ました」

「うっわ、久しぶりに日本人見た」

どうやら日本人は珍しいようである。コロナの影響かと思ったがそもそもこの宗教国家に来る日本人自体が数少ないらしい。

右に見えるのが食堂、奥に見えるのが巡礼者用宿泊施設である

「ちょっとまだお祈りやら仕事で手が離せないからひと段落したら話しましょう」

となり一旦別れた。

最初に会ったオーストラリア修道士とまた二人になり、宿泊手続きの手伝いをしてもらいながら、ここに来た経緯とかを話していたら非常に盛り上がった。「普通に資本主義社会だけ見ていても飽きるからイスラーム教の宗教国家を巡ってきた。アトスもかなり特殊な性質を持った国なので興味を持ち巡礼してみた」という話をしたあとに、「This place is not capitalized, yet!（ここはまだ資本主義化されてない）」と言ったら爆笑していた。

この修道院では巡礼者を個室に泊まらせてくれるらしい。鍵をもらうと三階の奥の部屋をあてがっていただいた。

部屋は普通にちゃんとした部屋だった。これで宿泊料金取らないのか。今インフレやばいの

宿泊した部屋

に大丈夫なのか？　もっと大部屋に泊まって修行するのを覚悟していただけに快適な空間で驚きである。

いろいろと手続きが終わる頃に夕方の礼拝時間も終わるようであった。ここからは夕食の時間である。一人の修道士が食堂のある建物の前に来るとシマンドロと呼ばれる木の板を木槌のようなもので叩き始めた。食事の合図らしい。すると修道院の敷地内に散らばっていた修道士や巡礼者が方々からゾロゾロと集まってきた。

扉が開くと中は『ハリー・ポッター』に出てくる食堂みたいなところであった。入って左二列が修道士の席、右二列が巡礼者の席であった。流れに沿って奥から順に詰めて座っていく。

皆が席に着くとお祈りが始まる。その後は修道士が聖書を読み上げている間にご飯を食べ切らなければならない。皆黙々とご飯を食べていく。トマトベースの豆が入ったスープにキャベツのおひたしにリンゴだったかな。それとワイン、パン。粗食、菜食主義とはいえ一応ＰＦＣ

食堂の鐘として使われている木の板シマンドロ

バランス（タンパク質、脂質、炭水化物のバランス）整ってるんだな。

あとから聞いたところによると曜日ごとにご飯は変わるらしい。脳筋プロテイン教信者の僕には粗食はいささかきつかったが、まぁワインが飲めるのは素晴らしい。

早食いを控えてゆっくり噛んだつもりだったがあっさり終わった。これを毎日食べているなんてさすがだな。酒飲めない豚肉食べられないだけのイスラーム教の方が戒律ゆるい気がしてきた。ラマダーンにしたって量はすごい食べるしな。

そんな感じで考え事をしていると朗読する声が止まった。食事の時間は終わりらしい。食べるのが遅い人は結構大変かもしれない。

外に出ると日本人修道士からお声がけを頂き、雑務を終えたあと修道院内の案内とお話をしていただけることとなった。

早朝と夕方の礼拝以外、修道士たちは各自割り振られた仕事をしたりしているらしい。仕事の中には修道院のイコンや聖書のオンライン販売の管理運営といった現代的な仕事も存在しているようだ。

約束の時間になると修道士がいる巡礼者とは別の建物の部屋に連れていかれた。修道士たちはそこに居住しているらしい。ついていくと談話室兼キッチンであった。

なぜここに来たのか、アトスをどういう経緯で知ったのか聞かれた。個人的には未承認国家が好きで、ネットで知り合った旅の先輩〝辺境先輩〟から強くおすすめされており、数日前に巡礼ビザの申請をしたところコロナの影響かあっさり許可が下りたので来てみましたと答えた。すると日本人はここ数年見たことなかった、久しぶりの日本人に出会えてびっくりしたとのこと。

個人的に気になっていたことを質問していった。

アトスの女人禁制自体はこれからどの程度続いていくのか、EUから批判されているがどう対応しているかが個人的には一番気になっていたのでまず初めに聞いてみた。ある意味この制度は傍から見ている分にはこの修道士自治国家の一番の特色に感じられたからだ。

女人禁制に関してはこれからも厳格に運用していくし、EUの要求を受け入れるつもりはないとのこと。これは男女差別という問題ではなく私たちは男だけでやっていくし、女性どうこう言うなら男子禁制の修道女だけの地を別に作ればいいじゃないかと。無論そこに我々が足を踏み入れるつもりは毛頭ないからほっといてくれと。

いやはや確かにいい案だと思う。女しかいない国があったらそれはそれで面白い。辺境国家オタクとしては入りたくなってしまうが。

兎にも角にも当面はこの修道士国家は同じように続くようである。多様性を認めようと言ってありとあらゆる場所をごっちゃにすると、どこに行っても同じように見えて面白くなくなってしまうのでこの施策には賛成である。どの場所も多様性を謳っているけれど、均質化って個性がなくなるってことだし、そんな場所を見ていても全然面白くないんですよねと旅人としての感想を述べたら大いに賛同してもらえた。

ここで自分の宗教的価値観とか今まで旅行してきたからこそ思うところについて話した。個人的に科学的合理主義者でありながら宗教としての価値も否定するつもりはなく、それに至った経緯が中高生の時に親戚が相次いで亡くなったことや大学受験に失敗したことに起因するみたいな話をした。すると大学どこなのと聞かれ「横国です」と答えたら「お、同じやん」

「え⁉⁉⁉⁉⁉⁉⁉⁉⁉⁉⁉⁉⁉⁉⁉⁉⁉⁉⁉」

まさかの大学の先輩であった。こんなところに横国の先輩がいたのか。流石にびっくりした。まさかの共通点にそこから大盛り上がりで学生生活の話やここに辿り着いた経緯などお互いに色々話し合った。

アトス自治修道士共和国でOB訪問するとは思わなんだ。

朝の礼拝も早いので夜九時頃には切り上げ、続きは明日の礼拝後から朝食までの空き時間にということになった。

修道院敷地内も屋外はネット回線が飛んでいたが、ベッドのある部屋は窓際でようやくたまに2G回線を拾う程度。持っていた本を読むか撮影したデータを整理するぐらいしかやることがなくなった。明日も早朝から礼拝があると聞いていたので早めに寝た。


〈二日目〉

礼拝が開始されれのは早朝三時であった。外では礼拝堂の鐘が鳴っている。うげ、本当にこんな時間から起きてるのか。僕も旅行している時や登山している時は朝二〜三時に起床しているが、祈りのために毎日この生活を送っているのは素直にすごいとしか言いようがない。

前日フェリーに乗るために早起きしたせいか、まだ疲れが取れていない。ちゃんと寝れば朝には強いタイプなので、明日からは慣れるだろうし問題ないが、夜型の修道士ってどうするんだこれ？

異教徒は礼拝を外からしか見られないと聞いていたので、身支度をして階下へと向かった。

礼拝堂は部屋が二つに分かれており、手前の廊下から見るとかなり暗い。深夜だし中を照らしているのは蠟燭の火だけである。

例の日本人修道士とすれ違い、中に入ってもいいんだけど、敬虔な正教徒だと嫌がることもあるからまぁこの外側から覗いてるぐらいがいいよと声をかけてくれた。

ここから朝の六時までお祈りが続くらしい。これを早朝と夕方に二回。三時スタートってことは二時台に起きるのかこの人たち。巡礼者は最悪来なくても何とかなるが、修道士はこれを年中やってるわけである。自分も信仰心は篤い方だと思っているがここまではできないなぁ。などと思いながら外からお祈りを眺めていたが、薄暗くてあまりよく見えなかった。

修道院の外にあるオリーブ畑

そのあと早朝六時頃から日本人修道士が修道院の中や周辺を案内してくれることになったのでありがたく申し入れを受けた。とりあえずまだ眠かったからある程度お祈りを観察した上で二度寝することにした。巡礼者も最初から最後までいるわけではないからこれくらいは構わないだろう。

二度寝から目を覚まし、礼拝堂前で待ち合わせをすると、日本人修道士はイカつい望遠レンズ付き一眼レフを構えて歩いてきた。めちゃめちゃカメコ（カメラ小僧）やん。彼曰く中世から手付かずの自然が残っているので動植物の種類が豊かで撮りがいがあるらしい。確かに伝統的な生活が続いているからこそ、そういうことが起こりうるのか。

修道院を出てまず裏手にある畑を見に行った。ここで修道院で食べる野菜を育てているらしい。修道士はそこで育てている木の実や柿などを啄みに来る野鳥を撮影したりしていた。畑にはリンゴや柿からギリシャ名物のオリーブまでいろいろな木が植えてあった。農業担当の修道士はまさしく晴耕雨読のような生活だろうなこれ。

山側には伐採したあとの木が積み上げてあった。修道院が所有する土地区画内の間伐材だけで修道院の燃料は賄えているし、余った分は輸出に回して利益も出ているらしい。修道院はセントラルヒーティングになっているが、その燃料も間伐材だけで間に合っているとのこと。

積み上がった間伐材

修道院によってはギリシャ国内にも荘園という形で土地を所有しているところがあり、そういった資産を持っている修道院は地代収入が見込めるらしい。

僕を含めた訪問者からお金を取らずに修道院は運営していけるのかと聞くと、一部の金持ちがたまにきて一人で一億だとか十億単位で寄付していくからそれだけで十分間に合ってしまうらしい。これは他の宗派も同じだそうだ。

そんな話をしていたらいつの間にか修道院を一周していた。そこから朝食まで修道院内の案内をしていただくことになった。昨日と同じように修道士が住んでいる方の階段を上っていき最上階まで入らせてもらった。そこは壁側の席だけで何十人と座れるような広さであった。

早朝は中に入れなかった礼拝堂の中も見せていただいた。過去の奇跡を起こした修道士たちのイコンやら持ち物が大量にあった。中には聖書も何冊も置いてあり年季が入っている。

聖遺物にあたるものの数が膨大で全部は見られなかったが、ここにあるものは中世キリスト教の史跡としてまだあまり研究されておらず、研究者がたまに来るとのことだった。

ローマ・カトリックみたいなド派手な教会や礼拝堂ではないが非常に歴史を感じられるし、今まで死ぬほど見てきた教会施設とは全く違った雰囲気を醸し出しており非常に面白かった。

ヨーロッパ旅行で同じような建物や美術品に飽きてしまった人でも新鮮な感情を抱ける場所だ

と思う。

朝九時頃になると朝食の時間である。シマンドロを打ち鳴らす音が修道院に響き渡る。昨夕と同じように席に着くと修道士が聖書を読み上げ始める。この日の朝ご飯はトマトスープとオリーブとオレンジ、木の実、洋梨。ビタミンやら食物繊維は豊富だがこれで足りるのか。サクッと食べ終わった。

このあと奉仕活動をさせていただくことになった。振り分けられたのは皿の片付けであった。大修道院だけあって規模が大きい。皿にスプーン、それに食べ残しも相当ある。修道士だけではなく巡礼者で長期滞在する人も合わせて数人ほどで分担作業する運びとなった。

巡礼ルート問題

この日はイヴィロン修道院を起点に別の修道院を回ってみることにした。アトスには現在二〇の修道院がある。かつては六〇個あった時代もあったが戦乱やら統廃合によってこの数に落ち着いている。願わくば期間内に二〇個全ての修道院を回ってみたいと考えていたが、アトス半島は長さ四〇キロ、幅五キロあり真ん中には尾根もあってなかなか地形が厳しい。可能な限り一筆書きで回ろうと考えた。

アトスの修道院を回るにあたって制約となるのは地形と門限の早さである。通常なら昼に開始した行軍をそのまま夜まで続けて終わらせればいいが、ここの修道院は日が沈む頃には閉門してしまいそれ以降は入れないようになっている。加えて野宿も許されていない。

となると最短ルートをあらかじめ想定しておいて、そこを縦走して見ていくしかない。あとは地理的に尾根を越えると時間が厳しいので、沿岸部にある修道院を回りつつ、ある程度見たら反対側の沿岸部を見ることにした。

あとは体力である。朝の礼拝のため早朝二時に起きて見学し二度寝する。異教徒だからこそできる技である。そして早朝の朝食時間までうとうとしながらルート選定をした。

奉仕の片付けを終えるとすぐ荷物を取り出発することにした。修道院を出ようとすると僕を気に入ってくれたオーストラリア人修道士が途中まで道案内してくれると言う。かなり道の数

アトスの海岸

が多かったので快く申し入れを受けた。

一つ目の丘のところで修道士とお別れすると、そこからスタヴロンニキータ修道院へと進む。沿岸部沿いの道とはいえ、崖があったり昔の灯台があったりアップダウンが激しい。想定よりも結構大変な道であった。幸いこの日の天気は悪くなかったので特に獣道を歩くのに難儀したわけではなかった。

女嫌いの修道士

スタヴロンニキータ修道院に着いた。周りは畑で修道院自体もこぢんまりとしていてとても素朴である。他の修道院を見て回る時はまず最初に「エヴルギーテ」といえば良いと教えてもらっていたので初めて使ってみた。ギリシヤ語で〝祝福をください〟という意味の言葉らしい。

上／スタヴロンニキータ修道院近影
下／ウゾー（蒸留酒）とルクミ（お菓子）

小部屋に案内されるとウゾーとルクミが出てきた。朝からワインを飲んで、巡礼するたびに蒸留酒のショットが出てくるのでイスラーム教のモスク巡りをしている時とは全然違った感じである。当然観光地化したその他ヨーロッパの教会群とも全く違った印象を受けた。ヨーロッパ旅行をして教会、教会、教会の連続でお腹いっぱいになって飽きていたから中東巡りに移行していたところがあるが、そんな僕でもこの様式や雰囲気は極めて新鮮に感じた。

未承認国家は傀儡政権であったり地域大国の狭間にできる自称国家というパターンが多く、紛争地帯観察が面白いと思って巡っていたが、アトス自治修道士共和国はそのどれとも違った感覚を得ることができる国であった。

このスタヴロンニキータ修道院は規模が小さく、少し回ったら建物全体を見終わったので次の修道院へと行こうとした。すると外にいた修道士に話しかけられた。

「君もキリスト教徒にならないか?」

お、『鬼滅の刃』の猗窩座のような誘い文句を言う敬虔な信者が出てきたぞ。そのまま彼はキリスト教の偉大さについて語り始めた。この手の宗教勧誘は宗教国家を旅していると慣れたものである。さていつも通りテンプレの「私は神道を信仰していて……」と返そうとしたら続け様に、いかに女が悪であるかを語り始めた。女は身を滅ぼす。男は女から隔絶された世界で生きるべきだ。あれれ、ところどころ修道士としての宗教色はあるがこの人女のこと嫌いすぎないか。

その後もキリスト教の話というより女がいかに良くないかという話の方をメインでされて笑ってしまった。右翼の國體青年ということで通そうと考えていただけに拍子抜けである。基本的に今まで出会ってきた宗教人は、戒律のために純潔や貞節を説くことはあっても男女の愛や性愛を完全否定することはなかった。ここまで主語がでかく女を悪と断ずる宗教人は初めてである。

確かにSNS上だとミソジニーはよく見るが、単に女を見下してるか、女にモテなくてその僻みから女叩きしているパターンが大半である。その点、この修道士は理由は違えど、有言実行して女のいないこの世界に住んでいる。すげえ。

ちなみにどれくらい住んでいるのか聞いてみたら十三年とのこと。十三年間女と会ったことないのか。他の修道士の話をしたら「七～八年でしょ？　まだまだ新入りだね」とのこと。こういうマウントというかヒエラルキーってあるのか。十六歳でアトスに入って七六歳で亡くなるまで六〇年間アトスに住んでいた人がいたという話は聞いたので、確かにそういった感覚もあるのかもしれない。

彼は用事を思い出したのかほどなく解放された。宗教勧誘はされ慣れてると自負していたが基本的にどの宗教も産めよ増やせよ精神が大半なので、今までと全く違う毛色でひたすら感心していた。

ひたすら酒を飲む

更に歩いてパントクラトール修道院に着き、同じように祝福を受けて酒をかっこむ。適度に酔いながら巡礼していくので気分よく回れる。まぁ運動効率は落ちている感覚がすごくあるが……。

修道院内を見学させてもらう。この修道院は海側のテラスからの眺望がとても良かった。他の修道院も確かに海沿いにに建てられているが、ここはテラス下が東尋坊のようになっており、押し寄せる波が水飛沫となって心が洗われる佳景を生み出していた。

椅子に座ってその後のルートを考えながら写真を見返していたら、突如どこからか声が聞こ

上／パントクラトール修道院中庭
下／ベランダから見たパントクラトール修道院

えてきた。

周りを見渡しても誰も話しかけてきた様子はない。方角的には後ろだ。あれ、壁際の椅子に座っていたよなと思いながらまた画面に視線を落とすと再度声が聞こえてきた。振り返って背もたれの後ろを覗いてみると小さな格子があり中から手が伸びてきた。ショットグラスである。

え？？？

とりあえず飲みなよということでウゾーを飲んだ。ありがとうと言ってグラスを返すともう一杯、それも飲んで返すと更に一杯。いや、めっちゃ呑ますやん。テキーラショットバトルをしているようだった。チェイサー代わりにくれたオレンジジュースがうまかった。

それから山にある建物に向かって歩いていくと、山に少しばかり入ったところの道沿いに大量の薪が並べてあった。あとで聞くとこのアトスでは燃料も自給自足しているので、こうやって各修道院は敷地内に生えている木を伐採しては燃料にしたり輸出したりして運営費の足しにしているらしい。

それにしても修道院で必要な燃料を薪だけで賄おうとしているだけあって、さすがに膨大な量が積まれていた。たかだか数十人の修道士を抱える修道院だけでこの量である。人類が化石燃料を手に入れて急激に発展した理由を理解した。

預言者エリヤのスキート

山を登ると預言者エリヤのスキートがあった。このスキートというのは東方正教会における修道共同体の形態の一つである。この予言者エリヤのスキートは聖パントクラトール修道院の一角を構成している。ここでも修道士が数人暮らしていて泊まれるようであった。「エヴルギーテ」と言うともてなされた。

イヴィロン修道院への帰り、山道を歩いて車道に出ると、時通りかかった気の良さそうなおっちゃんが車から身を乗り出し話しかけてきた。

「兄ちゃん、イヴィロン修道院に向かってるのかい？　乗っていきなよ」

歩いて帰るつもりではあったが、一応門限があるのでありがたい。お言葉に甘えることにした。車に乗り込んで話してみると、彼は修道士ではなく修道院周辺

上／預言者エリヤのスキート
下／スキート内の聖堂

で木の伐採をしている作業員だった。土地を広く所有している修道院だと、自分たちの燃料としての薪以外にも、作業員を雇って木材を伐採・輸出しているらしい。

修道院近くまで行くと確かに木材小屋があり、木材のサイズを揃える加工を施したりしていた。車から降りお礼を言った。いやはや、おかげで早く帰ることができた。

夕方の礼拝を後ろからそっと眺め、夜ご飯を食べ床についた。

〈三日目〉

究極の自然派ママ

この日は雨が降っていた。この日は南東方向にある修道院を回ることにした。早めの時点で小降りになったので、ある程度汚れるのは覚悟で外に出ることにした。

この方向にある修道院で一番狙っていたのは、アトスで最初に創建された修道院であるメギスティス・ラヴラ修道院である。がしかし、他の修道士に聞く限り、この修道院はコロナ発生以降、ワクチンは打ちたくないが感染症も怖いという理由で完全に門を閉ざし巡礼者の受け入れを一切やめてしまったらしい。

なんと……！　これはまさしく『デカメロン』ではないか。七〇〇年の時を経てパンデミックを逃れて隠遁する人が存在するとは。ボッカッチョもびっくりである。

正直この修道院を拠点にしてアトス山登山をしようと考えていたが無理そうである。ここを拠点としないと補給が厳しい。次の機会にまとめて行けばいいかなと考え、他に行っていない修道院へ向けてルートを変更することにした。

アトスの尾根はまるで半島の背骨のように走っている。修道院の大半は海岸沿いにあるのだが、いくつかは山の中に存在する。ここからはそれらの修道院を見に行くことにした。

沿岸部の道路を歩いていくと洗い越しに遭遇した。これを見ると田舎に来た気分になる。靴を濡らしたくはないので極力水深が浅いところを踏んで乗り越えた。

修道院はまだ先だが、ちょくちょく港がある。個人用か間伐材の運搬用なのかわからない。

雨が降ると地面との摩擦が利かなくなって登るのも一苦労である。大修道院への道は整備されているが細かい獣道はその限りではない。

オリーブ畑の先に見えた修道院

ようやく大規模なオリーブ畑が出現した。人里に入ったのを確認するのにオリーブを使うのはギリシャらしい。顔を上げると修道院があった。

入り口を探してぐるっと回るとロバがいた、後ろ足で蹴られないように少し離れて覗くとぶら下がっている。オスだ。休憩しようとして座った時に近づいてきた犬もちゃんとオス。本当に家畜もペットも全員男だ。

せっかく修道院に来たのに気になるのが棒がついてるかどうかで本当に申し訳なくなってきた。だけどどうしても気になって覗き込んでしまう。

さっき寄ってきた犬が追いかけてきた。野犬に追いかけられて以来犬嫌いが悪化しているので早足で山を駆け上って逃げようとしたがこやつかなり早い。ただ休憩していたら先に行くし、かと言って置き去りにするわけでもなく後ろを振り

上／修道院で飼われてたロバ（オス）
下／修道院近くにいた犬（オス）

返って見てくるし先導しているつもりなのかもしれない。勘弁してくれ〜。

結局この犬は次の修道院の近くの畑までついてきた。そこから先、修道院には入ってこなかった。

工事中の修道院

フィロテウ修道院に行ってみると、大規模改修中であった。「エヴルギーテ」と言って修道士に話しかけたが、今はコロナと改修工事も相まって巡礼者の宿泊は受け入れてないとのことだった。

ここから当初の計画通りカリエス方向に向かって歩こうとまた登山道に入った。最初は人通りがあったが、一キロほど進むと行く手には蔦が生い茂っている。かろうじて道らしき空間も傾斜もあったがどう考えても最近人が通った気配がない。

GPSを見る限り道は間違えてないし、また戻って山を登るのは面倒くさいのでそのまま行くことにした。リタイアするならまだしも後戻りは嫌いなのだ。幸い落ち葉がかなり積もっていたおかげで、雨上がりとはいえ靴に染み込むほど地面は泥濘んではいなかった。

一時間ほど格闘してなんとか抜け切ってリカバリーした。道があるのに遭難しかけた気分だった。薮は仕方ないとして、下に大量に落ちてる栗のイガイガのせいで地味に滑りそうになって大変だった。

そこからは山腹沿いにある木材運搬車用の道路で一直線である。眼下には先ほど見た修道院や森の中に個人で住んでる修道士の家が見える。時々ソーラーパネルも見かけた。電気も自分たちで賄っているらしい。

クトゥルムシュウ修道院に着く頃にはだいぶ時間が経っていた。首都にあるだけあって人の出入りが多かった。さささっと中に入って聖堂見学だけさせてもらう。

〈四日目〉

次の日はイヴィロン修道院

大規模改修中の修道院

これも一応道

を出て半島の反対側の海岸に向かうことにした。一通り東側の修道院は制覇したためである。えっちらおっちら山登りをして首都カリエスへと向かった。

毎度違う道を歩いているが、人通りがある所もない所もあり、人がいなくてもかつて隆盛を極めていたであろう時代の名残りがあったりして面白い。

異教徒拒否の修道院

カリエスを越え更に尾根を越えてようやく修道院に辿り着き「エヴルギーテ」と言って泊まりたい旨を伝えたら断られた。まぁ仕方ないと思い中の教会やらを見せて欲しいとお願いしたら異教徒は無理とのことであった。これまで宿泊ができないところはあったが、門前払いは初めてであった。中ぐらい見せてくれ〜と思ったが逆にこの特殊な閉鎖性を見にこの地に来ていたことを思い出し、この対応が面白くなってきた。すっぱり諦め、外観だけ撮って別の修道院に行くことにした。

時間的余裕があまりないので岸壁沿いにある道を爆走し、日も暮れる頃にはなんとかロシア

クトゥルムシュウ修道院正門

正教会の聖パンテレイモン修道院へと滑り込んだ。

何も知らないロシア正教会のおじいちゃん

ここの修道院は海側に寮みたいな巡礼者用の宿泊施設があった。だがそこのアルホンダリキ（受付）には誰もいなかったため、しばらく周辺をフラフラ彷徨っていた。建物周辺に修道士がいたので話しかけて泊まりたい旨を伝えたら、少し待っててくれと言って別の人を連れてきた。

ここはコンスタンチノープル総主教庁の管轄下にありながらロシア正教のしきたりで運営されており、二〇一六年にはプーチン大統領も訪れている。

クリミア侵攻に端を発するウクライナ正教会の独立の動きにより、ロシア正教会とコンスタンチノープル総主教庁は断交している。これは相互領聖も禁じておりプロテスタント改革以来のキリスト教の分裂と評されるほどである。でも流石にこの話は本人たちに聞けないよなぁと思いながら観察して

山側から見たクシロポタムウ修道院。内部観覧叶わず

いた。
（※相互領聖・・・任意の教会が相互領聖にある時、互いが相手の立ち位置や合法性を認識しており行き来ができる。つまり禁止されると往来が途絶え分派したようになる）

受付で巡礼ビザの記帳等をしている際、一人のおじいちゃん修道士が手招きしてお菓子を用意してくれた。走ってお腹が空いていたのでこれはありがたい差し入れである。このおじいちゃんが優しくてパンまでくれた。

お腹が空いていたのでかっこむ。腹一杯食べると、それを満足そうに見ていたおじいちゃん修道士がいろいろ話しかけてきた。自己紹介も兼ねて色々話していると外界のことを何も知らなそうである。

外部から来る人を見ているのでスマホの存在であったりその他文明の利器を見てないわけではないが、何十年とこの地で暮らし彼自身はそういった機器を持っておらず情報がシャットアウトされていた。修道院で日々祈りを捧げる生活で完結しているので、それ以上のことは知らない様子である。

会話していてこの噛み合わなさは北朝鮮に行った時以来だと感じた。あの地も外の世界を知る機会は外部から来る訪問者と接する時だけである。よその世界の資本主義、文明と隔絶されているのだ。電子機器も知らなければ世界情勢も知らない。そんなことあるんだな。

〈五日目〉

朝起きて礼拝が始まる。時計を見ると深夜一時、朝早すぎだろ。前日は帰国する飛行機の予約をしていて夜十時まで起きていたからマジで眠い。いや十時に寝たら普通は超健康的な部類だけどな！　外は雨が降っていたのでそれを口実に雨が弱くなるのを待ちながら軽くグダグダした。当然敬虔な信徒と修道士は聖堂へと向かった。

雨が小降りになったタイミングで聖堂を覗いてみると、ロシア語とはちょっと違う音が聞こえる。あとから調べたらここでの典礼は教会スラヴ語で行われているらしい。お～これが教会スラヴ語なんだ。現代ロシア語はこの教会スラヴ語から語彙の半分近くを引き継いでいる、古きスラヴ圏の文章語である。

これはなかなかいい体験だった。アルメニアやジョージア、

この日の宿泊部屋

中央アジアを旅行した後で、直前までロシア語を聞いてたから
タイミングもちょうど良かった。

この日は朝になっても雨が降っていたので山を歩くのは厳しそうであった。そこでフェリーに乗って別の修道院に行くことにした。修道院内にはフェリーの寄港時間が書かれた運行表があり、それに合わせて準備する形である。

定刻少し前になった頃合いで修道士に別れを告げて船着場方面へと向かった。修道院は海沿いにありながら少しばかり高いところに位置しているので駆け降りる形になった。どこも沿岸部から少し高い位置に修道院があるのはギリシャ近辺、エーゲ海が地震多発地帯であるからだろうか。

フェリーで移動、海上より修道院を望む

聖パンテレイモン修道院からこの日はドヒラリウ修道院に向かうことにした。フェリーのチケットの買い方がわからなかったがウェブサイトを見る限りオンラインで買う形式ではなさそうである。ノリでどうにかなるだろうと思っていたが案の定、乗り込んで巡礼ビザを見せたあとに行き先を告げたら中にある小部屋で発券できる仕組みだった。

フェリーに乗り込んだがこの日は如何せん天候が悪い。屋上デッキに登って景色を見ようとしたが甲板に水溜まりができていて波で揺れるたびに水が移動するのであまり気分がよろしくない。少し風景を撮影して早々に下の階に降りた。

二つめの修道院のところで停泊したので船を降りようとしたら、降りたのは僕だけだった。ほとんどの人は巡礼を終えてもうそのままウラノポリに帰投する人たちであった。

船着場から葛折りになっている石畳の坂を上ると目的の修道院である。「エヴルギーテ」と言って中に入り受付場所を探したが工事中でよくわからなかった。巡礼者を捕まえて受付の場所を聞き、ようやく泊まりたいと伝えたら予約がないとダメと言われてしまった。

奉神礼

宿泊チャレンジに失敗したのでさっき素通りしたヘノフォントス修道院へと向かう。雨は小降りであったがそこまで距離があるわけでなかったのが幸いであった。

ドヒラリウ修道院

泊まれるか聞いたら異教徒でも問題ないとのこと。ギリセーフ。ここが泊まれなかったら雨の中登山確定であった。待機部屋に通されたが待てど暮らせど修道士が来ない。ほぼ十二月近くの雨で体が冷え寒かった。いくらエーゲ海近くとはいえこの時期は肌寒い。

修道士が出てきたので聞いてみたが、お祈りの時間のようである。あとにしてくれと言われ、ゾロゾロと皆が移動し始めたのでついていった。いつも通り外から眺めていると修道士が入っていいよと合図する。僕は異教徒だと伝えると問題ないとのこと。修道院によってだいぶ対応が分かれるんだな。

中に入ると聖書を朗読する音が響き渡っている。蠟燭の光と小さな窓から差し込む外光だけが頼りなので割と暗い。聖書のリズムに合わせて鐘を鳴らす。巡礼者は聖堂内にあるイコンに向かうと十字を切り接吻を行い祈りの言葉を唱える。それを順に次のイコンに向かって行っていた。それを終えるとある人は修道士のいる前の房に向かい、またある人は壁側の椅子に座ってじっと朗読を聞いている。

しばらく観察していると横からモクモクとした煙を出す修道

待合室

士が入ってきた。おぉ、これが振り香炉というものか。鎖の先に金属球があり、その中で乳香が焚かれて爆煙を上げている。実物を見るのはこれが初めてである。修道士はそのまま室内を一周して各巡礼者に煙を振りかけた。

初めてのギリシャ正教の奉神礼をアトスで体験できるとは思わなかった。三〇分ほど聞いていると三割ぐらいの信者は出ていった。僕も十分満足したので後に続いた。敬虔な信徒だと朝夕三時間ずつこれを聴いているのか。かなりの忍耐力だな。

体が冷えたので着替えていると修道士が通りかかった。再度泊まる旨を伝えたらようやく部屋に通された。ここは巡礼者でも正教徒と異教徒の二部屋に分かれており異教徒部屋には外国人が一人いた。彼の宗派はカトリックか、少なくとも正教徒ではないようだった。僕と同じバックパッカーみないな感じであった。

〈六日目〉

朝の礼拝のあと、朝食を食べ終え次なる修道院へと向かう。これまで割と沿岸部の修道院を巡っていたが、この日は晴れていたので半島内部にある修道院へと向かうことにした。内側に入るとお馬さんが何頭もいた。横から覗いてみると全員にイチモツがぶら下がっている。ここもオスだけだ。

地図を見ながら目的地の修道院までの道を歩いていくと、かなり険しい道である。微かに道の痕跡があるが草木は生い茂りローカットのトレランシューズだと足首あたりが低木の枝に引っかかれて細かい傷ができる。

ようやく第一の目的地であるカスタモニトゥ修道院に着いた。ここまで山の中にあると大変だ。時間を見ると十三時すぎである。たった五～六キロの道のりなのに出発から三時間も経過していた。普段山道でも時速六キロペースで歩いているので相当歩きづらかったのがわかった。

エヴルギーテと言って中にいた労働者が指差すまま祝福を受けに行く。山中にあってあまり巡礼者はいないようである。山を歩いて登ってきた話を受付の修道士にするとお疲れ様と言ってルクミが箱ごと出てきた。好きなだけ食べなさいと。

正直何十個も食べたくなるような味ではないがカロリー摂取にはありがたい。ここから更に山道が続くので一〇個ほど食べさせていただいた。血糖値上昇に即効性のありそうな食べ物で

この日の夕食

ある。

　聖堂内をざっと見学させてもらい山を何個も越えていく。さっきに比べたら人通りがあり下草がない分歩きやすいが、割ときつめの道である。するとスタスタと軽い足取りで歩いてくる人がいる。よく見ると正教徒の衣装である。顔は引き締まっており、このルートを力強く歩けるのを見ると相当普段から鍛えているのだろう。ギリシャ正教徒にも修験者みたいな人が存在した。

　山を越えブルガリア正教会のゾグラフ修道院に辿り着く。ここで泊まれなければ先は八キロ先の修道院二つである。門限までに到達するのは無理なので失敗したら引き返さねばなるまい。無計画だから仕方ないが緊張した。

　巡礼者は僕一人だった。ドミトリールームのような部屋に通されたが、どこでも使っていいよとのことでコンセ

上／この山道は流石に難儀した
下／カスタモニトゥ修道院

ントがある壁側に陣取った。山中だとネット回線が弱く、窓ギリギリまでいかないとネットは繋がらない。

礼拝があるとのことで奉神礼を見に行く。ギリシャ正教からロシア正教、ルーマニア正教、ブルガリア正教といろいろ見てきたが儀式の様式などは大体同じだ。正教自体が一国一組織主義というだけで、教派の違いはなく教会組織上の違いでしかないというのを、一挙に見ることで理解した。違いがあるとすれば建物だろう。

礼拝が終わり、シマンドロの音が聞こえ夜ご飯の時間だなと思って階下に行くと、修道士が食べ終わるまで待って欲しいとのこと。奉神礼への参加は問題なかったが、食事の同伴は異教徒はダメなようである。修道院によって異教徒の参列を認める箇所が違うのは面白かった。ここは食事がダメなんだ。

ゾグラフ修道院

〈七日目〉

最終日も雨が降った。宿泊客が僕しかいなかったので乗合バンみたいなのはなさそうである。

近くに個人の修道士か労働者が住んでいるかもしれないのでヒッチハイクしようと考えたが、だいぶ森の中なのか待てど暮らせど車が通る気配がしない。このままだと帰りのフェリーに間に合わないな、そう考えて、ずぶ濡れ覚悟で歩き始めることにした。

最後が締まらない気持ちはあったが、逆に言えばもう濡れていようがギリシャ本土に戻るので気にしなくてもいいのだ。リュック内の貴重品だけ二重のビニール袋に入れて防水し歩き始めた。道はかなりぬかるんでいた。雨予報の時に山間部の修道院を巡礼するのには向いてないな。

二時間ほど雨に打たれずぶ濡れになりながら、波止場に辿り着き待っていると一五分ほど経っただろうか、何台もの乗合バンが来た。あれれ、これは俺が急いでタイミングミスっただけで、待てば普通に乗ることができたのか。途中から道路は一緒なはずなので、合流地点まで辿り着いていればここまでずぶ濡れにならずに済んだかもしれない。

とはいえ、アトスでの旅路はこれにて終わりである。異教徒として巡礼しているので入れな

修道院内の廊下

い修道院もいくつかあったが、現代にこんな特異的なキリスト教自治国家が残っていたとは思わなかった。願わくばまた巡礼ビザを手に入れて未踏の修道院及びアトス山への登頂を目指したいと思いながら帰りのフェリーに乗り込んだ。

再びギリシャのウラノポリに降り立った時びっくりした。そこには女がいた。一週間で完全に存在を忘れていた。う、うわあ〜〜女だ〜〜〜〜〜。

後にも先にも、この感覚は二度と味わえないんだろうな。

港前にあった建物。軒下で雨宿りした

コラム 限界旅行者が教える（意外と知らない）旅行テクニック❸-2

旅行中の装備2

・お金とクレカ

旅行中の決済は基本的にクレカで済ませている。ただ強盗に盗られる場合や不正利用と判断されてカードが止められるリスクが常にあるので僕はVISAとMaster Cardを二枚ずつ、デビットカードも念の為二枚持っていっている。Amexカードは発展途上国だとほとんど使えないので持って行かない。

現金は米ドルが最強である。ユーロもほぼ同等であるが米ドルには敵わない。アメリカを死ぬほど嫌っている国でも米ドルはみんな大好きで高レート、なんなら闇レートで替えてくれるところも多々ある。

ただ基本的にはクレカのキャッシングで、現金は現地で調達するのが強盗リスク等を勘案すると一番いいと考えている。

・トレランシューズ

服は貧乏に見えれば見えるほどいいが、靴だけはお金をかけている。長距離走るのにも悪路を走るのにも足元はかなり重要である。元々はテキトーに靴屋で数千円の運動靴を買っていたが、トレランシューズを勧められて買ってから手放せなくなった。

トレランシューズの良い点は長距離を走っても

疲れにくいというのがかなりデカい。クッション性の高さとかソールの柔軟性とかはブランドによって追求する方向が違うので合う合わないはあるが、どれを履いても普通の靴と比べると性能が格段に良い。特に都市部を観光しつつも山間部の未舗装路を歩いたりと色々な場面に遭遇する可能性のある人はメリットを享受しやすいと考えられる。

・延長コード

変換プラグに気を取られ、あまりここまで気が回らない人が多いが延長コードは重要である。空港やホテルに着いた時、別形状のプラグには対応できてもコンセントの穴の数が足りなかったり、位置が遠くて使い勝手が悪かったりすることが多々ある。そんな時に役に立つのが延長コードだ。

また延長コードはコードとしてだけではなく引張力が強い紐としても使える利点がある。わざわざ紐を個別に持って行くのは失念することが多いが、延長コードだとこれ一本で物を簡易的に縛ったり、括りつけたりできる便利グッズとなる。

・医薬品・美容系

海外に持っていった方がいいのが医薬品と美容用品である。まぁ医薬品に関しては僕自身ほぼ使うことがないから持ち歩かないが必要な人は多いだろう。僕の場合はコンタクトレンズの保存液と日焼け止めあたりである。欧米や中韓ぐらいであれば調達できるが、それ以外の国だと自分たちで医薬品を作れないため輸入に頼らざるを得ず、通貨も弱いので普通に先進国の数倍の値段で売っている。品数も少ない。日本や先進国で手に入れるのが無難であろう。

8

カザフスタンにある世界で唯一民間人が入れる核実験場跡に行き水爆でできた人造湖で泳いできた話

世界で唯一民間人が入れる核実験場跡。

旧ソビエト連邦の秘密研究都市。

いずれもセミパラチンスク核実験場跡を形容する言葉である。なんと甘美な響きであろうか。

この地にチャガン湖という円形の湖がある。なぜ丸いかというと、この湖は水爆によってできたクレーターに水が溜まったものだからである。衛星画像で見てみると本当に丸いのがわかる。

この湖は一九六五年、旧ソビエトによる「国民経済のた

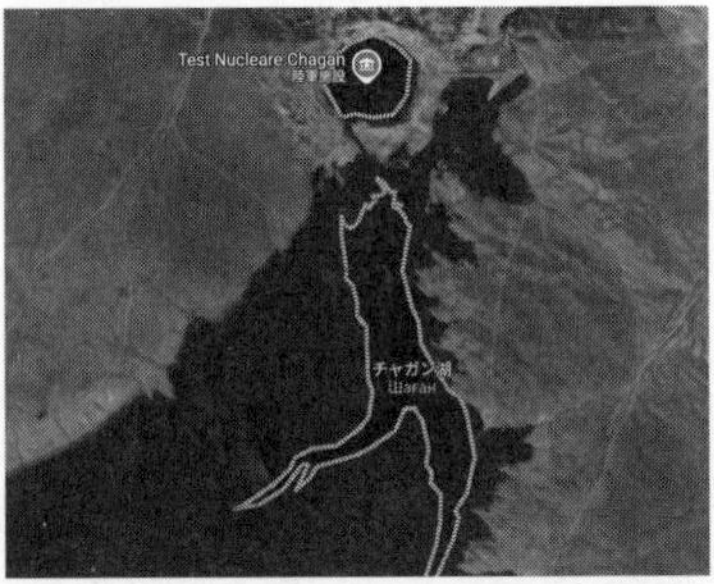

チャガン湖の衛星画像（Googleマップ／地図データ©2025 Google）

めの核爆発」計画の一環として行われた地下核実験によって誕生した。

チャガン川の川底地下一七八メートルに設置された一四〇キロトンの核爆発により幅四〇〇メートル、深さ一〇〇メートル、高さ二〇～三八メートルのクレーターができ、穴に溜まった水により人口湖「原子の湖」が爆誕したのだ。

この場所を知った瞬間、「あ、これは僕が行かねばならぬ場所だな」との使命感に駆られた。

僕は核武装論者で、核兵器を作りたいがために大学で物理工学を専攻したぐらいには核兵器が大好きである。ソ連の秘密軍事研究都市、核実験場跡、水爆でできた人造湖。行かない選択肢などない、そう思った。

当地を含め、カザフスタンへの渡航計画は何度か立てていたがコロナの規制やらその後のカザフ騒擾が影響し一時は計画自体が頓挫するかと思った。

特にカザフ騒乱には困った。カザフ・ソビエト社会主義共和国時代から三〇余年余り同国のトップとして君臨し続けた独裁者のナザルバエフ前大統領が燃料価格の暴騰に端を発する民衆デモで失脚したのである。

民衆デモ隊は旧大統領府に押しかけ放火したりしてあっという間に暴動は拡大した。

その後現大統領であるトカエフがインターネット遮断からのCSTO同盟国への派兵要請、市内で出歩いている市民は問答無用で射殺するという強硬手段を講じデモを鎮静化させ、その隙に権力奪取まで果たしてしまった。この政権交代劇には流石に度肝を抜かれた。

騒擾から数ヶ月が経ちトルクメニスタン以外の中央アジア諸国の国境が解放され念願の地へ足を踏み入れる時が来た。カザフスタンがどのように変貌したのかも面白いがこれについてはまたの機会に述べるとしよう。

アルマトイにある旧大統領府。完全に焼失していた

旅のはじまり

キルギスから中央アジア入りし、天山山脈にあるアラコル湖一帯を一日半で六四キロ歩き四〇〇〇メートル弱の山を登ったり片道一二五〇キロの限界バスに乗ったりして中央アジアを旅行していた。

セミパラチンスクを目指すと決めたは良いが、まず初めに問題となったのは核実験場へどのようにして辿り着くかである。
この核実験場とチャガン湖は拠点となるセメイから南西方向に一一〇キロ離れた場所にある。道は一本道でわかりやすいが、広大なカザフステップ地帯にポツリポツリと村が点在している だけで、途中寄れそうな場所も公共交通機関も存在していない。
元々一定数パッケージツアーらしきものは存在していたらしいが、コロナでどうやら潰れたっぽい。
そんなわけで何とか自力でルート開拓するしかないなと見立てた。こんな時最後に使うのがヒッチハイクである。
限界旅行にはレベルがあると思っていて、
レベル一：飛行機・高速鉄道が存在する
レベル二：鉄道が存在する
レベル三：バス路線が存在する
レベル四：ミニバス・乗り合いバンが走ってる
レベル五：シェアタクシーしかない
レベル六：プライベートタクシーじゃないと行けない

登ったキルギスの天山山脈

レベル七　：　４ＷＤじゃないと踏破できない
レベル八　：　犬ぞり、特殊装甲車等に乗らないと到達できない

今回の旅は区分としては途中までレベル七、そこからステップ草原地帯に入るので八である。ただ普通にプライベートタクシーを使うのは味気ないのでヒッチハイクを思い付いたのだ。

ヒッチハイク経験自体はイラクのクルディスタン自治共和国で一回だけあった。その時はいろいろお世話になってる右翼の友人や、乗合バンの中で出会った同じようにスーダンやらソマリランドやらに行ったことのあるチェコ人限界旅行者がおり、精神的に比較的楽だった。

核実験場へのルートを検討すると、複数の言語で調べても交通手段がない状況に最初は途方に暮れたが、クルディスタンでの経験を思い出し「それならヒッチハイクすれば良くね？」と思い付いた次第である。

さて手段を思い付いたら如何に成功させるか作戦を詰める段階である。問題はいくつかあった。

一　僕はロシア語が話せない
二　目的地は、最寄りの最大都市セメイから一一〇キロ離れている
三　カザフスタンの領土は広大であり郊外にちょっと出たら２Ｇ回線しか飛んでおらず実質ネットが使えない

四村は点在してるがどれも離れており食糧や飲料などの補給地点が存在してないあ、これ、ロシア語が話せないとダメなやつじゃん。

限界旅行あるある、言語の壁の登場である。バベルの民が天高く塔を建て神の怒りを買い言葉が通じなくなってしまったあの感じである。

これがアラビア語とかペルシャ語だったら俺まだ全然話せたんだけどな……。

一応ロシア語を読むことはできていた。半年前にウクライナ国境周辺にロシア軍が集結し開戦する確度が非常に高いといわれた時のことである。国際情勢の観察者としては迅速かつ精緻な情勢分析をするにはロシア語でないとあかんと思って突貫工事をし、一週間で文法書を一冊勉強していたからである。

その時覚えたのはあくまでニュースやツイートを読むためのものであり、語彙も戦争情勢に偏っており、スピーキングやリスニング能力が必要な日常会話はてんでダメであった。

ロシア語圏旅行する為に買ったロシア語の本

しかしここで諦めたら辿り着けない。僕には言語オタクとしての自負があった。イラクではネットがどこでも繋がっていたが文章が読めない文盲がいたのでイラク方言混じりのアラビア語エジプト方言で乗り切ったり、イタリアの田舎で遅延のため電車の乗り換えに失敗した時にスペイン語で筆談して意思疎通したり、言語的に難しい状況でのゴリ押しに関しては場慣れしていた。

目的のためなら言語一個新たに習得するのが多言語オタクとしてのプライドである。

さてこういった短期で言語を習得しなければいけないという場合の、個人的な戦略があった。今回の一番の目的は目標地点に到達することである。決してロシア語を完璧に話すのが主目的ではないのだ。ここがすごく重要で、つまりは目的地のチャガン湖に辿り着けるなら何もかも完璧である必要はないのだ。

そうとなればあとは簡単な話である。ヒッチハイクする時に目的地まで送ってもらえるだけのロシア語が話せればいいのだ。要は

・どこ方面に行きたいか
・ヒッチハイクしてもいいと思ってもらえるような自己紹介
・移動車両中で聞かれそうな質問

をあらかじめ想定しておいてそのパターンを頭に叩き込むだけである。

言語の中だとロシア語はかなり不得手な方だが上記のように要点を絞って勉強した。

ロシア語学習に関してはやれることはやったので、あとは当日のための準備である。ヒッチハイク片道一一〇キロに加え、そこから片道一一キロ歩かなければならないのだ。暑くて食欲がなくなるのが予想されたので飯はそこそこにして、血糖値を上げられるコーラを水と一緒に買った。あとはウォッカである。荷物を軽くしたいから小瓶を探した。

決行日

当日は最寄りの大きな都市であるセメイから一一〇キロ道路をヒッチハイクし、更にそこからステップ草原地帯を片道一一キロ程度歩かなければならないので、目覚ましを朝三時に設定し、四時までには部屋を出られるようにした。

無事絶起（絶望の起床＝寝坊）することなく三時一〇分頃には起き朝ご飯を食べたりシャワーを浴びたりして身支度を整え、三時四〇分頃には部屋を後にした。

セメイのスーパーで買ったウォッカ

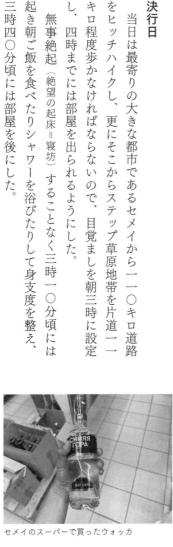

セメイの街を出たら目的地までは一本道である。そこまで行けばヒッチハイクする車の目的地が違う方向になることはなかろう。というわけでその一本道の付け根までウォーミングアップがてら歩いた。

幹線道路の根元付近に辿り着いてみたが後にも先にも車が一台も見えない。さっきから歩いてるけど、この方面に向かって走る車に一台も追い抜かされてなくないか……？

いきなり作戦が崩壊しかけてしまった。しかしまだ朝の四時をちょっと過ぎた所である。普通こんな時間に誰も起きてないよな……。

街を少し出た光景、何もない

朝早すぎるからやなと思い直し一本道を歩いてるとあっという間に住宅は消え視界に入るのは穀物用サイロやら農業用倉庫みたいなものだけになった。

結局、四時半まで待ったが通過したのは車一台だった。それも高速でぶっ飛ばしており乗せてくれる気配はなさそうであった。

まぁでも一台は通ったわけである。もう少し待てば行けそうな気がしていた。ただ見通しもなく一一〇キロの道を歩き続けるのも辛いので五時までに一台もヒッチハイク出来なかったら作戦を練り直すことにした。

しばらく歩いていくとお墓があった。イスラーム教徒のお墓である。

ここがかなり大きかった。しばらく道路沿いに歩き続けたがいつまで経っても端が見える気配がない。

見晴らしのいい地点から眺めてみるとかなり大規模な墓地だった。Googleマップを見る限り二キロ四方はあろうか？　この大きさの墓を見たのは久しぶりだった。

他のイスラーム圏の墓だと厳格なワッハーブ派のサウジアラビアを除いて故人の顔写真が墓にデカデカと載っているのが大多数だったが、カザフスタンの墓はかなり控えめで遠くから見ると判別でき

大規模なカザフ人ムスリムの墓地

ないほどであった。

この墓地の端に着く頃には五時を過ぎてるだろうしこのまま行くと計画が崩壊してしまうな……と思いながらしばらくお墓に見入っていたら遠くにライトがチラチラ見えた。

この千載一遇のチャンスを逃すわけにはいかねぇ！！！　必死でアピールすると僕の存在に気づき車を止めてくれた。

カタコトのロシア語でセミパラチンスク核実験場跡のチャガン湖方面に乗せていって欲しいこと、自分は日本人旅行者で色々見て回りたいことなど必死に伝えた。

ドライバーのおじさんはどうやらこの先に住んでいるカザフ人の現地人らしい。「チャガン湖はここから一〇〇キロ以上あるしかなり遠いぞ」と笑いながら面白がって乗せてくれた。

よしきたこれ！！！　時間は午前五時六分。出発してから一時間半ほど経過していたが諦めずに待った甲斐があった。

車ってはええ、今までえっちらおっちら墓以外何もない地帯を歩いていたのとは大違いである。それにしてもこの見渡す限りの寂寞たるやいかに。猛スピードで駆け抜けているはずなのに一向に景色が変わらない。これ車じゃないとマジできついわ。

朝焼けを背景に乗せていただいた車はぐんぐんと前に進む。五〇キロほど快走しおっちゃんの自宅がある村に着いた。乗せてくれたお礼を言い別れを告げると「この道真っ直ぐやぞ、頑張れ！」と激励してくれた。

さて二台目のヒッチハイク行くか！と意気揚々と歩き出す。同じ村からチャガン湖方面に向かう車が見えたが手を振ろうと思う前に爆速で出発してしまった。

一回目うまくいったし、気を取り直して頑張ればすぐ次の車捕まるやろと高を括っていた。

実際はそこからさらに七〜八キロほどは歩いた。一時間以上全然捕まらなかった。というかそもそも車の通行量が少なすぎてヒッチハイク以前の問題であった。五〜六時台だと早起き勢がいるだろうという見通しが甘かった。農作業トラクターは観測したが一本道を走ろうとする車がいない。

上／初めて車に乗せてくれたカザフ人のおじさま
下／見渡す限りの中央アジアステップ草原地帯

この一時間あまりの大変さと虚無具合を記述しようにも、本当にステップ草原地帯って何もない。絶景でもないし人も動物もいないから音すらない。いやはやロシア語単語の暗記が非常に捗った。

砂漠とかステップ草原地帯って大変な割にずっと同じような光景、音のない世界で虚無、ひたすら文句を垂れるが反響すらほぼしない世界なので若干恐怖すら覚える。

暇すぎてヒマすぎたのでこういう時は禅宗の瞑想みたいなことするかと一人で公案問答する始末である（片手で拍手するにはどうするのかみたいなことをうんたら考えることで雑念を取り払い悟りを開く）。

一時間が経過したところでようやくヒッチハイクに成功した。ここまでくると必死である。あっさりＯＫが出て乗せてもらった。

しかしこの車は次の村で止まった。移動距離たった二キロ、七～八キロ歩いてやっとヒッチハイク、たったの二キロは効率悪すぎだろ……。絶望しながら足を進める。

乗せてもらっているからありがたいことこの上ないが、いかんせん効率が悪すぎる。そんな感じで次に捕まえた車もすぐ近くの村までとのことで三キロほどで終わってしまった。

2回目に載せてくれたおじさまたち

これ無事着けるかなと計画自体の雲行きが怪しくなってきていた。この時点で朝の七時五〇分、流石に現地人も動き始める時間帯のはずなのである。時間帯による交通量の変化だけではなくセメイから離れれば離れるほど村の数が減少し交通量も減っていく事実が想像以上にきつかった。と計画頓挫の考えが頭に浮かびかけていたその時、後ろから轟音が響く。大型のトラックである。これは確実に長距離移動だとの確信。なんとしてでもヒッチハイクしてやるぞと思い手を大きく振ってアピールした。

自分を少し追い越しながらゆっくりと停止。疲労困憊なので渾身の大演説。トラックの運ちゃんたちは笑って乗せてくれた。

話を聞いていると僕が目指しているところまで行くようである。やった〜〜！！　思わず万歳してしまう。一気に三〇キロを移動できるわけである。さっきまでの苦労もこうなってしまえば笑い話で済む。

これで計画断念せずに済むんだ！　と思いながら乗せてくれた恩人たちと雑談していると、タバコをくれた。運ちゃんあるあるのタバコミュニケーション。普段は自分から紙タバコを吸うことはないが、こういった時のタバコは格別である。

窓を開け肺に煙を送り込み、限界ステップ草原に向けて吐き出す。最高であった。おじちゃんたちも極東出身の謎の旅人と話しながらニコニコ笑っている。そうこうしている間にあっという間に第一目標である地点に着いた。

　石炭運びのおっちゃんたちに礼を言い、次なる関門である限界ステップ地帯を歩くことになった。ここからの道のりは地図上での直線距離は一一キロとなっている。僕の身長から余弦定理を用いると水平線は約四・六キロ先なので三回ほど水平線に辿り着かなければならない。

　ごくたまに現地人が湖で魚釣りしているらしいという話を耳にしていたので石炭運びのおっちゃんが教えてくれた近くの村に向かって二キロほど歩く。

　無事村に着いて村人を観測したが期待は外れ都市に向かうとのこと。挨拶をすませると湖の方角と距離を教えてくれた。やはり湖までは十一～十三キロほどあるらしい。まぁ、これは想定内であったのでてくてく歩き始める。

トラックの目の前の道路を横切る遊牧民

それにしても暑いし乾燥している。中央アジアも気温は日本と同じようなものだが、暑さの質が違う。ステップ地帯も砂漠地帯も歩いてきたが湿度がものすごく低いところである。暑さで汗が出るのは一緒だが、一瞬で蒸発し唇や喉の乾燥が激しい。リップクリームがないと唇がカッサカッサのバッキバキになるのである。歩きながらリップクリームを塗り持参したコーラを流し込む。あとは一心不乱に足を進めるだけだ。

ダウンロードしておいたオフラインモードのGoogleマップで位置情報を確認しながら進んでいくと、進行方向は目的地であるチャガン湖からだいぶずれている。しかし目の前にある轍は別の方角に向かって伸びている。

このまま行くとかなり遠回りになりそうである。ここが見知った場所であったらさして問題はない。しかし暑く周りに何もない場所での余計な労力は命に関わる無視できないリスクである。

幸い山や積雪地帯と違ってここで道に迷って遭難する可能性はゼロに近い。できる限り最短ルートで行ける道なき道を選択した。

当然轍の上を歩くのと違って悪路である。しかし傾斜のないトレッキングルートと思えば大したことはない。中央アジア一帯は天敵になり得る大型遠哺乳類はいないと調査済みであったので、仮に人と遭遇しない場所を歩いていても毒牙にかかるリスクは無視できた。一番の敵は太陽と乾燥である。

暑すぎて食欲は消失している。血糖値が下がりすぎてハンガーノック（低血糖状態）になったら洒落にならないのでコーラを流し込む。筋トレ時に敵視していた炭水化物の塊のありがたみを知った。

地図上でのGPSの位置が爆心地まで八キロ、五キロ、三キロと徐々に近づいてくる。長い道のりもようやく終わりに近づき、ここらへんはかなり残留放射線量高いんだろうなと一人でゲラゲラ笑っていた。

放射能の灰を吸い込むリスクを考えていたが周りの土壌はカチコチに固まっており、風で舞う気配は全く感じられない。これなら外部被曝だけに抑えられそうだなと少し安心できた。

石と棘の生えた下草だらけの道

いざ核兵器でできた人造湖へ

爆心地から一～二キロ地点まで来るとまた轍が見えてきた。さっき避けた遠回りルートもこの爆心地に向かって曲がってきたようである。道なりに再び歩き始めた。

とうとう目的地である水爆でできた人造湖に辿り着いた。ホテルを後にしてから、八時間が経過していた。正直なところ想定以上に時間がかかっていた。限界ステップ地帯は半分以上を走ることで多少の遅れは取り戻していたが、一一〇キロヒッチハイクは予想をはるかに上回る大変さであり今後の参考になった。

軽く反省しつつもまずは目的地に無事辿り着いたことを素直に喜んだ。結局一五キロほど歩いても周辺で魚釣りをしている人には遭遇しなかった。

まぁ誰もいないなら気兼ねなく湖でやりたいことができるな。

そう思い直し履いていた物を脱いで湖に足を入れる。ヌメっとした感触、汚ねえなこの湖。当初の目的を忘れるレベルである。

とりあえず服が濡れない程度に浸かりめいっぱい被曝する。

しばし逡巡し一旦水から上がり湖のほとりで準備しておいたウォッカを取り出し駆けつけ一杯。ん〜〜ウォッカは放射能を打ち消す。

三〇キロ炎天下を歩いたあとのアルコールは本当に身体に染み渡る。うますぎて何回もショットを胃に叩き込む。外の暑さに負

目的地の水爆による人造湖チャガン湖

けず劣らず、かぁ〜〜と胃が暑くなる。

　コーラもまだ半分以上残っていたので簡易カクテルとして混ぜた。名前はロシアンカクテルだしこの場にピッタシである。コップを持っていなかったからどうしたものかと思ったが双方ラッパ飲みして口の中でカクテルを生成すれば良い。他人の目もないのでお行儀を気にする必要もない。

　結局コップ一杯弱のウォッカを飲み上機嫌になる。あれさっき何で俺はこの湖で泳ぐのを躊躇したんだ？　そもそも高濃度の放射能汚染されてるこの湖でちょっと汚れるぐらい誤差の範疇である。

　今日一一〇キロヒッチハイクし、炎天下の中を三〇キロ歩いてきたのは何のためだったんだ？水爆でできた人造湖で泳ぐためだろう！　一瞬でも気の迷いを見せた自分を大いに恥じた。

　こうなったら、あとは早い。周りに人がいないのを確認しスッポンポンになる。（一応イスラーム圏ではあるので配慮はする）

　また湖に足を入れる。さっきまで嫌だった感触はなくなりむしろ水温の低さが気持ち良く感

ウォッカは放射能を打ち消す

じる次第である。ただ酔っ払ってるので足が安定して底につかない場所まで行くと本当のロシア人みたいになってしまうので気をつけながら泳いだ（ロシア人はよく酔って水に飛び込んで溺死するらしい）。

民間人が核実験場跡に入れるのも、高濃度に汚染された湖で泳げるのもここしかない。その事実を噛み締めながら泳ぐのは格別であった。

こうして僕は〝脱北者であり被曝者〟という特異な特徴を持つ人間になった。

感傷に浸りながら今までと同じ道のりを帰らなければならないという現実を思い出した。あれだけ苦労した道である。本来午後三時半発のアルマトイ行き寝台列車のチケットを手に入れていたが、この時点で残り四時間ほどしかなく、行きの大変さを考慮したら無理だろうなとほぼ諦めていた。

他にもするべきことがあった。食事である。あまりの暑さにコーラぐらいしか栄養を摂取していない。相当な距離を歩

水爆の降下物で汚染された湖を泳ぐ筆者

いていたので持ってきたピラフをゴソゴソ取り出して無理やり胃に叩き込む。こういう時の食事はもはやトレーニングである。

一通り胃に内容物を放り込み再び歩き出した。往路と同じような苦労をしながら幹線道路に辿り着く。ここまではよかったがここからが大変であった。そもそも車が全然捕まらないのである。行きたい都市とは反対方向へ走る車はあったがそれでは意味がない。

どうやら午前中に都市に用事ある人たちが向かった車が午後に帰ってくるので車自体は見かけるものの、午後に都市方面に向かう車はいないらしい。途方に暮れもう電車逃してもいいから帰りの車見つからないかなと諦めながらひたすら足を動かした。

一時間以上炎天下のアスファルトの上を意識朦朧となりながら歩いていると奇跡が起こった。午前中、最後に乗せてくれた石炭運びのおっちゃんたちが石炭を積載して帰ってきたのである。

歩行距離を見ると四八・九キロであった。よく歩いたな。これでようやくぶっ倒れずに済むんだと思うと気が楽になった。

トラックの荷台に乗るとおっちゃんたちはニコニコ笑顔で迎えてくれる。うまくいった今日の成果を報告して、ハイタッチを交わした。

「今日は上手くいったのか?」

「ちゃんと目的地のチャガン湖で泳げたよ！」

そうしておっちゃんは「暑かっただろ、これ飲みな」と水を渡してくれた。乾き切った喉を一瞬で潤す。

未舗装地帯を砂煙を上げながら走っていく。行きと比べて明らかな悪路で後ろには日本なら過積載といえる量の石炭が積まれており速度があまり出ない。

そして気のせいかなんかトラックが傾いてる気がするなぁと思っていたら突如運転手はブレーキをかけ車を降り始めた。トイレかタバコ休憩かなと思って一緒に降りると車体周りを見回りしている。するともう一人のおっちゃんがタイヤを指差した。

近寄って見てみるとシューという音がする。どう見てもパンクの穴である。道理で右側に車体が傾いていたわけである。本当に大型トラックでもパンクってするんだ。

再び運転席に二人とも乗り込んだので都市まで一〇〇キロ程度だしこのまま低速走行で突っ走るのかと思ったら、三〇キロほどいったところでサービスエリアみたいな待避地に入った。

彼らは再度降りると椅子の後ろをゴソゴソと探りながら工具を持ち出しスペアタイアを外し

帰りも乗せてくれた石炭運びのおっちゃんたち

始めた。時計を見たら電車の出発時間である。しかしこんなアクシデントなら全てが許せるのでゲラゲラ笑いながらタイヤ交換の風景を眺めていた。

さすが石炭を運ぶ用の大型トレーラーだけあって一個一個のタイヤは大きくて太い。パンクしてずっと空気漏れの音が鳴っているが、タイヤもかなり使い込んだように見えるので、もしバーストしたら……と万が一のことを考え直撃しないような位置取りで眺めていた。

結局、彼らは過積載の傾いたトラックの下に潜り込んで小さな油圧でジャッキアップしたり、タイヤのパンク箇所にマイナスドライバーやらナイフ突き立て穴ほじくろうとしたり、危機感の希薄な杜撰な作業を見せてくれた。

修理中のおっちゃんたち

安全管理からするとアウトな事例のオンパレードであるが、こういう現地人のたくましさは個人的に大好物である。

無事タイヤ交換を終え、車に乗り込み走り出す。そこからは順調に進み水平線にセメイの街が見え始めようやくネットが繋がった。

当初は計画途絶の可能性があったし炎天下でぶっ倒れそうだったし、よく頑張ったな俺！と自分を褒めようとした矢先、対向車線を走っていたパトカーに止められた。

カザフスタンで検問なんかあったっけ？　と思っていると同乗していたおっちゃんが「携帯隠して警察の方見ないようにしろ」と言うので大人しく従う。何が起こるか眺めているとドライバーのおっちゃんが金を取り出し車を降りる。どうやら過積載の石炭車両を賄賂で見逃してもらっているらしい。

カザフスタンでもまだ賄賂文化消滅してないんだ……。

中央アジアの雄と評され治安も発展度も都市部はかなり高かったが、まだ中央アジア特有の悪しき風習は消えてないらしい。

水爆でできた湖に行って泳ぎウォッカで放射能を打ち消すだけだったのに、最後の最後に意図せずしてこの国の実情まで垣間見てしまった。

多量の放射線と共にリアルな現地情勢を浴びることのできた旅であった。

コラム　限界旅行者が教える（目からウロコの）旅行テクニック❸－3

旅行中の装備3

これは高所地帯でも同様である。高所地帯は標高が一〇〇〇メートル上がるとともに日射量が一〇～十二％程度増加するので南米の西側の主要都市のように標高二〇〇〇～四〇〇〇メートル地帯だと二～五割ほど紫外線量が多い。ここらへんは気温は涼しく油断しがちであるが素肌を晒すと目も当てられないような日焼けをしかねない。

別の理由もある。虫除けや野生動物との接触回避である。日本だとあまり馴染みがないが世界のほとんどの地域でなんらかの感染症が流行っており、それに罹患しないようにするには肌を防備し

・長袖長ズボン

宗教国家やもしくはジャングル、砂漠といった厳しい自然環境を通過する可能性がある時に着ていくのが長袖長ズボンである。宗教国家であれば肌の露出に厳しいことがある。郷に入っては郷に従えであるし悪目立ちしないためである。

厳しい自然環境と言っても色々ある。例えば砂漠。砂漠は想像通り日差しが強い上に乾燥が激しく、油断すると皮膚がバッキバキに焼けるし乾燥する。日焼け止めを塗るよりは、服で紫外線を物理的に遮断した方が効果が高い。

て蚊やマダニ、アブなどの吸血昆虫や野犬、野生動物を避ける必要がある。これらが持つ細菌やウイルスは致死性のものが多く、現代医療をもってしても完治しないものもあり接触を避けることが何よりのリスク回避である。

・スリーピングマット

登山用に買ってよかったのがこのアイテムだ。元々はテントの中に敷いてその上で寝袋を被って寝る。ただ平地だとそこまで過酷な環境はないし、このスリーピングマットの断熱性の高さがあればどこでも使える。

空港のラウンジでも寝られる場所とそうでない場所があるし、これを持っていると床で寝ても体を痛めずに済む。空気を入れずに羽織れば軽い防寒具としても使うことができる代物である。

・調味料（塩こしょう）

これは普通に調味料として使う場合と武器として使う場合の二パターンある。前者としては旨味調味料が入っており、旨味のおかげで塩分摂取量を抑えることができるので純粋に塩とコショウだけの組み合わせより健康にいい。

次に武器としてであるが、これはほぼ粉コショウの効能である。対人戦闘や対野犬戦闘をしなければならない場合、コショウは嗅覚や目の粘膜を攻撃するのに適しており、戦線離脱させるのに効果的な武器となる。さらに良いポイントがsalt & pepperと言っておけばどこの手荷物検査も通過することができる汎用性の高さである。ナイフや銃、場合によってはトレッキングポールなどは使える場所が限られてくるのでこの広範囲に使えるという特性は非常に役に立つ。

9 北朝鮮でAV見せたら大ウケした話

ジョージ・オーウェルの『1984』を読んでいて「comrade」という懐かしい単語が目に止まったのである思い出に浸りたい。

もう何年も前のことである。僕は北朝鮮ツアーをほぼ終え、中国との国境の街に来ていた。訪朝している間は軍人に色々勘違いされ銃口を向けられながら携帯を没収されたり、その後過度のストレスから発熱するも二度とない北朝鮮旅行と思って多少無理をしていたため、鴨緑江（中国と北朝鮮との国境にある川）が見えた時はだいぶ気が楽になった。

平壌から乗った列車を降りると新しい観光ガイドがついた。いわゆる監視員というやつである。平壌市内や別の都市に行った時はこれとは別のツアーガイドがいたが、この国境の街はツアーのオプションで僕とインド人の二人しかいなかったので列車に乗る際にお別れしていたのだ。

　この新しい観光ガイド兼監視員さんが今回の主人公である。僕は挨拶するとともにタバコを一箱あげた。これはもはや慣例となっている。小泉政権が日朝国交正常化した時に旅行者が持ち込んだセブンスターが、現地では七つ星と呼ばれ人気を博していたため、賄賂として配ると喜ばれると聞いていたからである。

　九月のまだ残暑が厳しい青空の下、列車が通りすぎた補修のままならないヒビ割れたコンクリート製のホームの上で熱い息を吐きながら、我々は紫煙を燻らした。タバコの煙を間に挟んで、彼はいろいろと話し始めた。なんと彼は日本語を専攻していたらしく、かなり流暢な日本語を話していた。

　北朝鮮工作員が日本人を拉致して日本語教育をさせて

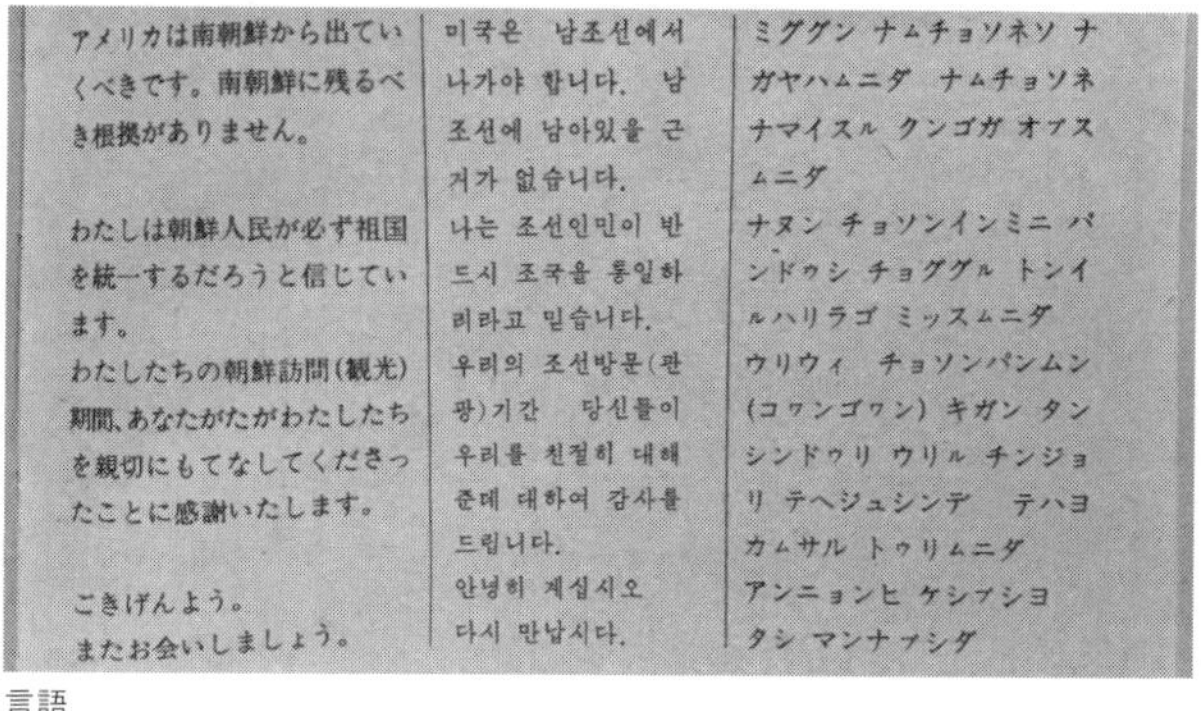

アメリカは南朝鮮から出ていくべきです。南朝鮮に残るべき根拠がありません。	미국은 남조선에서 나가야 합니다. 남조선에 남아있을 근거가 없습니다.	ミググン ナムチョソネソ ナガヤハムニダ ナムチョソネナマイスル クンゴガ オプスムニダ
わたしは朝鮮人民が必ず祖国を統一するだろうと信じています。	나는 조선인민이 반드시 조국을 통일하리라고 믿습니다.	ナヌン チョソンインミニ パンドゥシ チョググル トンイルハリラゴ ミッスムニダ
わたしたちの朝鮮訪問（観光）期間、あなたがたがわたしたちを親切にもてなしてくださったことに感謝いたします。	우리의 조선방문(관광)기간 당신들이 우리를 친절히 대해준데 대하여 감사를 드립니다.	ウリウィ チョソンパンムン（コヮンゴヮン）キガン タンシンドゥリ ウリル チンジョリ テヘジュシンデ テハヨ カムサル トゥリムニダ
ごきげんよう。	안녕히 계십시오	アンニョンヒ ケシプシヨ
またお会いしましょう。	다시 만납시다.	タシ マンナプシダ

言語

いたのってこういうところなんだろうなぁと思いながら彼と自己紹介をしあった。

吸い終わる頃に彼はタバコと私をいたく気に入ったらしく、私のことを「my comrade」と呼んだ。「comrade???　what does it mean?」と聞き返すと「ドウシ、ドウシ、我が同志」と答えた。あまりに共産主義丸出しの英単語で思わず声を出して笑った。そんな単語知るはずねえだろ！


休憩タイムが終わりこの駅で降りた十人程度の外国人と合流してバスに乗った。北朝鮮内は単独行動ができず基本的にツアー行動なのだが、こういうオプションは別の団体のメンバーを組み合わせて調整しているのだろう。

この日は朝から陸路の長旅お疲れ様ということでバスは直接ホテルへと向かった。道中のバスの中で平壌で買ったらしい人民服を着たおちゃらけたドイツ人が際どい質問を始めた。

「君たちって給料いくらもらってるの？」

「月に二〇〇～三〇〇人民元ぐらいです（当時のレートで四〇〇〇円前後）」

「ここ、中国国境の街だけど脱北するつもりないの？」

「？？？　それってどういう意味ですか」

「君たちが着ている服とかって北朝鮮製なの？　北朝鮮製のモノっていいの？」

「正直中国製のものがいいが高い……」

聞いているこちらの方が不安になる質問ばかりであったが、半島内の経済情勢がいかほどかがわかった貴重な時間だった。ただ脱北に関しては演技でもなく本当に存在すら知らない様子だった。

ホテルに着き荷物を下ろすと例の監視員君が来て「今日は夜ご飯の時間まで特に予定がないので裏山まで登りに行こう」と誘ってきた。僕も特にすることもなく暇だったので快諾した。

裏山に登っていくと満洲国時代の石碑らしきものがあった。安東とは丹東の満洲国時代の名前であるが、鴨緑江南部もその範囲だったのかな、などと思いながら山を登った。

山を登る時には他の監視員もいたがその人は日本語を理解できないようだったので、周りの目を気にすること

満州国時代の石碑

なく気さくに北朝鮮旅行はどうだったとか外の世界はどうなのかとか聞いてきた。

僕もこの人なら北朝鮮の国内事情を聞いても答えてくれそうだとばかりに質問していった。

「最近デノミネーションやインフレーションが起きているとニュースで見たが、実際経済は混乱しているの？」

「デノミもインフレも経済封鎖に比べれば大したことない。経済封鎖している米帝は許せない」

「経済封鎖の何が一番きつい？」

「石油の禁輸が一番影響が大きい。石油価格は年々上昇して買えなくなってきている」

もう一人の監視員に怪しまれても困るので、適度に質問し終わったタイミングで北朝鮮に入国する前に北京国際空港でアントニオ猪木とツーショットした話を披露した。そしたら監視員二人とも驚愕していた。アントニオ猪木は彼の国では末端の人間にまで名を知られているほど有名であった。監視員君は「My comrade, my comrade」と繰り返し呼びかけた。

裏山といっても丘のような場所でお世辞にも景色が良かった記憶はない。適度に切り上げてホテルで休憩することになった。

ホテルに着きタバコをふかしていると監視員君が少しニヤニヤしながら話しかけてきた。

「我が同志よ、日本にドールがあるのは本当か？」

はじめはドールがなにを指しているかわからなかった。さっきちょうどベビー用品の話をしていたし子供向けのリカちゃん人形とかそういう類の話をしているのかと思ったが、食い気味に質問を繰り返すのでどうやら違うらしい。

北朝鮮でポルノ関連の話はタブーであったがこの人なら大丈夫かと思ったので聞き返した。

「う～ん、ラブドールのこと？」

彼も噂を聞いたことがあっただけで詳しくは知らなかったらしい。僕が性的欲求を満たすために存在するオナホみたいなものだと説明した。当然オナホなるものの存在すら知らなかったのでたまたまスマホの画像フォルダ内にあった同居人のオナホを見せた。

彼は興奮しながら色々と質問をしてきたので日本の性文化を自分の知る範囲で教え込んだ。バレたら共々労働教化刑か最悪処刑されるリスクもあったが、そもそもこの訪朝旅行の前に腹は括って遺書も残してきたので最後の北朝鮮を楽しむつもりでいろいろ話した。

中でも、AVの話をした時が一番食いついてきた。

「我が同志よ、そのAVとやら、今持っていないのかい？」

その時僕はエロ動画をiPhoneに入れて四〇～五〇本ほど持ち込んでいた。北朝鮮にも独自のネット回線はあるが、とても使えたものではないので隠し持っていたのだ。もちろん違法である。これを見せるのはさすがに躊躇した。

僕がAVを持っていることに勘付いた彼は「My comrade, 我が同志よ、頼むからそのAVとやらを見せてくれ。お願い。頼む、ほんの少しでいいから」と必死に懇願してきた。押しの弱い、土下座したらやらせてくれる女が「先っちょだけ、先っちょだけだから」と言われ身体を許しちゃう時の気持ちってこんな感じなのであろうか。そんなものはエロ漫画の中だけの世界だと思っていたが実際そんな気分であった。

最終的に根負けして秘蔵のエロ動画コレクションを見せた。内容は素人ナンパものが中心だったか。

監視員君は食い入るように見ていた。「どうだい?」と尋ねたがあまりに熱中していて聞こえていないようである。iPhoneの使い方を聞いてくる時以外は反応が鈍い。何回感想を聞いても喃語のような「あー」とか「えー」とか曖昧な答えしか得られなかったので僕も諦め、平壌で買った本を読み始めた。

三〇分ほど経った頃だろうか、一通りのAVに目を通し終えたのか話しかけてきた。

「こんなに素晴らしいものがあるのか、日本ってスゴい国だ……」

ちょうどその時夕食の時間だということで召集がかかった。彼は案内をさっさと済ませて今すぐにでもコトに取り掛かりたそうなソワソワした様子であった。

夕食会場に行く途中で監視員君がiPhoneを貸してくれと言ってきた。正直携帯を持って行かれるのは怖かったが彼の目は真剣そのもので、それ以外の目的に使うつもりはなさそうだったので了承した。その時もう一台スマホを持っていたから写真撮影はできるし、ご飯を食べてる間ぐらいだったらいいかなと思ったのもある。

彼はそれを聞いた瞬間、踵を返しすぐ自分の部屋かトイレに向かっていった。僕は登山を終えたあとでお腹が空いていたので食事を楽しんだ。

その時は食事だけではなく、現地の牡丹峰楽団みたいな楽器演奏とダンスのパフォーマンス鑑賞があった。

およそ三〇分後、とてもご機嫌な様子で監視員君が

食事の様子

入ってきた。パフォーマンス中であったため小声でありがとうを繰り返し言っていた。

夕食が終わり部屋で休憩していると扉を叩く音がする。今日夜の予定なんかあったっけ？と思いながら扉を開けるとそこには例の監視員君が立っていた。

「携帯を貸してくれ。今晩中」

いやさっきシコったばっかじゃん？　と思いながら夜中携帯使えないのはなぁと逡巡すると「頼むからもう一度iPhoneを見せてくれ、一生のお願いだ……」と必死な声で懇願してきた。一生のお願いという文字列がこれほど意味あるものとして聞こえたのは人生で初めてだった。

確かにここで見られなかったら本当にこの人たちは一生AVを見られないよなと彼らの境遇に思いを馳せていたら心が動いてしまい、押し問答の末承諾してしまった。パスワードも聞かれたが中指立てた写真や盗撮した市内の写真はもう見られないようにファイルを移してあるしいいかなと思ってこれも教えた。

彼は嬉し泣きしそうな顔でありがとうを繰り返した。ただすぐにでもAVを見たそうな雰囲気を醸し出していたのでお休みの挨拶をして見送った。

次の日、監視員君は目の下にクマができていたがとても満足そうな顔で携帯を返してきた。

iPhoneを開くと充電は一%だった。あんなに上機嫌な賢者タイムを僕は後にも先にも知らない。

※この文章はお下劣な話なのと、内容が内容だけに関係者等が見て当該関係者が処刑や粛清されるリスクがあるので登場人物や状況など多少の脚色を加えています。

10

カンボジア サリン事件

その夜、猛烈な腹痛と吐き気に襲われていた。携帯を見ると深夜三時だった。画面が暗く見えたので明るさを最大限にした。あれれ、今日食った屋台メシ、ハズレ引いたかな？

症状はさらに悪化する。とりあえずトイレに駆け込み嘔吐する。元々逆流性食道炎だったので綺麗に吐けた。これですっきりして二度寝できるかな？　と楽観した瞬間もう一回強烈な吐き気がきた。まぁ二回連続で波が来ることもあるよな。

しかし問題はそれだけで終わらなかった。吐き気が止まらない。三回目からもう吐くものがなくなって胃酸が直接出てくる。あの特有のほんのりと苦い強烈な酸味だ。

四～五回吐いたあとでトイレの手洗い場所から水を飲む。この際、生水に当たることなどどうでもよかった。喉が焼けていた。意識が混濁するのを感じながらまた便器に突っ伏した。

おぇぇぇぇぇ。

その時点で何回目かわからなくなっていたがとりあえずはマシになった。吐きすぎて体がフラフラしたのでもう一度ベッドに戻る。疲労と睡魔であっという間に意識はなくなった。

パッと目が覚める。時計の針は七時半を指していた。まだ外は暗いな……。時計の画面を見る。また強烈な吐き気を催した。慌ててトイレに駆け込み一発戻す。

おぇぇぇぇ。また複数回の吐き気がくる。手洗い場に駆け寄り水をがぶ飲みしそのまま便器へと走って吐き出す。その繰り返しだった。一〇回、二〇回と吐いていると口の中も食道もただれて激痛が走る。食道癌にでもなりそうだった。

これが摂食障害の人の辛さなんだろうか？　それにしてもこんなに吐くなんてカンボジアの食中毒は強烈だな……。などといろいろなことが頭を駆け巡る。

僕は胃が強かった。非常に強い自信があった。賞味期限切れの食品を食べても特に問題なかったし、鳥やジビエの生肉を食っても腹を下さない。発展途上国で水道水を飲んでもへっちゃら。今まで食あたりを起こしたのは中国の田舎のスーパーで買ったトマトを洗わずに齧った時ぐらいである。それも多分残留農薬だったと思う。

カンボジアに入って一日目にしては強烈な洗礼だった。さすが、下から数えたほうが早いほどの貧しい国である。ポルポトってすげえな。ここまで国を荒廃させられるなんて。あれこれ考えながら吐いていると隣の個室からも吐く声が聞こえた。

俺だけじゃないんだ。同じ旅行者としてこの国の熱い歓迎を楽しもうぜ。ゲロゲロゲロ。牛蛙のような激しい嘔吐音が響いた。

その日は結局そんな感じでベッドとトイレを往復した。常に吐き気がするし何十回と吐いたせいで身体はフラフラ。外にご飯を買いに行く余裕などなかった。

カンボジアの陽気な太陽が心なしか暗い。気分が優れないからだろう。正直寝すぎて寝られなかったが目を瞑ってひたすら耐え忍ぶ。そうしているといつの間にか意識は飛んでいる。

結局丸二日と半日ぐらいはその調子だった。これほど強い食中毒ってあるんだ。あまりに辛すぎて一周回って感心していた。


三日目に突入すると流石に栄養失調で死にかけてくる。飯をロクに食えてない上に食べた物も数十回の嘔吐の際に全部便器へと吸い込まれていっている。そろそろきついけどさすがに飯を胃に叩き込まないと別の意味で死ぬ。以前ワケあってハンストをした時、絶食が三日目に突入すると低血糖で体が動かなくなり飯を確保する体力がなくなった経験があるのでこれ以上はまずいと思った。

手すりに捕まってどうにか階段を下り外に出てスーパーでなんちゃっておにぎりとコアラのマーチを購入し頬張った。東南アジアのおにぎりは大して美味くはないんだけれどこの時は幸福感に満ち溢れていた。空腹は最高のスパイスって本当なんだな。

飯を食うと元気になる。吐き気は相変わらずあったが栄養を確保して体調が戻ってきたのでコントロールできる範囲に落ち着いた。ふ～飯って美味いな～。感嘆しながらホテルに戻る。

ホテルに戻った際、受付付近で昨日トイレで見かけた件の男性が話していた。何を話してるんだろう。ちょっと聞き耳を立てていると衝撃の事実を知った。

昨日、一昨日の嘔吐は食中毒が原因ではなかった。それは南京虫の駆除剤であった。

南京虫、別名トコジラミ、一年ちょっと前にインバウンド旅行客の増加で日本を含む先進国でも話題になったやつ。刺され

スーパーで買った食材

るとめちゃくちゃ痒い。

聞くところによるとホテルの一室で南京虫が発生したらしい。そこでホテル側はその部屋を閉め切って南京虫駆除剤を散布して放置した。ただカンボジアみたいな熱帯地域の密閉空間など信用ならない。

散布した駆除剤は部屋の扉の隙間を通って各部屋に流れ込んだ。そしてそこで寝ていた宿泊者が次々と中毒症状を呈したわけである。その被害者の一人が僕であった。

南京虫駆除剤の主成分は有機リン酸系の物質である。農薬や悪名高きサリンと同系統の物質であり中毒症状として吐き気や腹痛、瞳孔の縮小などがある。

吐いたり腹が痛かったりした原因は食中毒ではなかった。いつもと違った縮瞳という特徴的な症状もそうである。食中毒になって視界がぼやけるなど良く考えてみればおかしい話であった。

この縮瞳という症状は地下鉄サリン事件などでも見られた症状もある。被害者で目の異常を主張する人は全体の八割にも上る。

いや、まじか。さすがに想像していなかった展開であった。そして思い出す。確かサリンは加水分解するし水飲みまくった方がいいな。症状はだいぶ落ち着いてきていたので簡単にできる対症療法を試みた。

午後になると消化も順調に進み体調も良くなってきた。ただ数日間食べ物を口にしてなかったのもまた事実であり目下大事なのは飯を食うことだと確信した。

異国の地にいるのに数日間無駄に時間を潰してしまったので悶々としていた。時間がもったいない。フラフラしながら電話を取りある場所にかける。

電話の相手は予約なら時間指定してくれ、そうしたらその時間にタクシー出すからといった。

次の日を指定した。


次の日タクシーが迎えにくる。雑談すること数十分、そこでは戦車が出迎えてくれた。

カンボジアは大体の事は金で実現できる。ポルポトがこの国を破壊してから数十年、今もその爪痕がいろんなところに残る。その一つが軍である。

ここカンボジアの軍隊は金がないので民間人や観光客でも金を払えば戦車に乗ったりロケラン（ロケットランチャー）を撃ったりできる。そう、昨日の電話はロケラン発射するためのものだった。

相手がメニュー表を見せてくる。この銃は強くていいとかなんだかんだ薦めてくるがどれも興味がない。僕はここにロケットランチャーを撃ちに来たのだ。

ロケラン撃たせろと言うと在庫がそこになかったみたいで責任者らしき人に電話をかけ始めた。数十分待つことになるが大丈夫か？　いやこちらは数日間ベッドで待たされたようなものである。二つ返事で承諾した。

これでいいのか？　カッコいいだろ？　おじさんはニコニコしながら話しかけてくる。初めて見る巨大な弾頭にワクワクが止まらない。カッコいい！　僕は叫んでいた。

それから的《まと》はどうする？　ガスボンベがいい？　それか牛とか動物撃ちたい？　銃は撃たなくていいのか？　と幾つかの追加オプションを投げかけてきた。銃は要らん、的はガスボンベかな〜、牛だと動いて当たらなさそう。

オプション選定したところでまたタクシーに乗せられ演習場みたいな所に連れていかれた。目の前で弾頭をセッティングしてもらう。早く撃ちたくて撃ちたくてたまらなかった。まぁそう焦るな。おじさんはニコニコ微笑んだ。

そしてロケットランチャーをぶっ放す。ドーンという発射音と共に数日間の苦痛が嘘だったかのようにスッキリどこかへ行ってしまった。

カンボジアの太陽はこの上なく眩しかった。

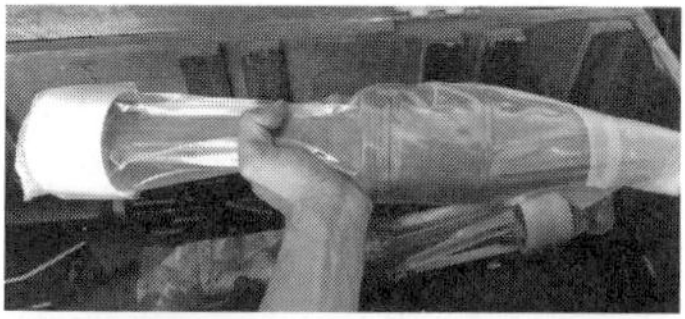

上／ロケットランチャーの弾頭
下／弾頭をセットするおじさん

ロケランを撃つ著者

コラム 限界旅行者が教える（マネできない）旅行テクニック❹

言語

旅行先で言語の問題はどうしているのか？ と聞かれることがある。僕はかなりの国で地域共通語か現地語を話している。ただ正直言語は元々苦手であった。が、四〜五言語勉強しているうちに言語学習の流れを理解したので、そのあと二〇言語ぐらいは勉強してそのうち一〇言語ほど使えるようになった。持論であるが言語学習は主に読み書きと会話で別の手法をとるのが効率がいい。

読み書き能力は情報収集に役立つ。まず任意の言語は大まかに特徴が分類でき、その特徴を把握した上であとは気合いで暗記すればいい。文章中の98%以上の語彙を知らないと文意を取れないといわれていて、ここはテクニックが通じない。多言語学習者はどこに労力を投じるかというポイントを押さえているので言語習得が早い。ここを回避するようなことを言うのは基本的に詐欺師である。

読者が知りたいのは現地でどうやって話すかだろう。ざっくり言うと会話にはパターンがあり使用頻度に偏りがある。使用頻度の高い会話パターンは場所によって違うが（例えば中東では宗教的な質問が多い）それをあらかじめ予測して優先度の高いものから覚えていくと短い時間で効率よく会話できるようになる。

例えば一番使えるのは挨拶だ。「おはよう」と「ありがとう」が言えるだけでだいぶ違う。この二つが外国語会話のスタートである。次に衣食住、食べたい、飲みたい、宿泊まれますか？　といった旅行者が一番使うフレーズを覚える。そうやって順位づけして覚えていくと一通りの会話ができるようになる。

僕が行くような発展途上国は識字率がそもそも低く翻訳機を使ったやり取りすら意味をなさない場合がある。そんな世界では言語ができると些細なタイムロスを防げるのみならず、現地人と円滑な関係を築くことができ多方面でチャンスが回ってくるケースが多いのである。

11 ホンジュラスでコカイン中毒者にバッテリー借りパクされたから家に立て篭もって徹底抗戦した話

※ホンジュラスは、一〇万人あたりの殺人件数が世界ランキング上位常連で、殺人事件の九〇％以上が捕まらない国です。判断ミスったら射殺されます。以下の内容は決してマネせず、あくまで酒のつまみとしてお楽しみください。

この日はエルサルバドルの首都サンサルバドルからホンジュラスの北部にあるコパン・ルイナスという遺跡観光都市に向けて移動していた。早起きして七時には出発し、エルサルバドルを出国してホンジュラスへと入国したのは午前十一時前のことである。

いいペースで動けていたがこの時通過したエル・ポイという街からコパンへはオコテペケ、ラ・エントラーダという街を経由しないと辿り着かない。乗り換えが多い区間であった。国境からオコテペケで乗り換えラ・エントラーダへと向かう。この路線は一本で行けるはずであった。が、しかしである……。

　バスが突然故障したと言って乗客を全員道端のバス停へと降ろしどっかへ行ってしまった。まじ？？？

　こういうことがたまに起こるのが発展途上国である。気にしたら負け。まぁ、一本道だし主要幹線道路だからすぐ次のバスが来るだろうと思っていた。

　結局二時間もかかって次のバスが来た。結構待たされたがこれもしょうがない。こういう国を旅行している以上、想定内である。にし

上／バスに置いてかれ待ちぼうけを食らう乗客ら
下／2台目、2時間待ってようやく乗れた

ても長かったな。だいぶ疲れた。

結局本来一本のバスで行ける区間で四台も乗り継ぐ形となった。ラ・エントラーダの街に着いた時には一九時を回っていた。乗ってきたバスの運転手がもうコパンへ行くバスはないよと言った。その街までは六三キロほどである。まじか？　何とも微妙な距離である。一昼夜あれば歩ける距離だ。ヒッチハイクしたら数時間あれば着くだろう。とりあえずまだ時間は早いのでヒッチハイクを試みながらバスが来たら乗ろうと考えた。幸いこの街の交通量は多い。ホンジュラスの東西および南北を結ぶ道路が交差する場所であり北側へ向かう車通りは多かった。これなら誰か乗せてくれるだろう。

一時間経ったが、結局一人も乗せてくれなかった。あれれれれ？？？　こんなに捕まらないことある？　ここで思い出した。この国がここ一〇年間人口一〇万人あたりの殺人件数ランキングで一～四位を彷徨っている国だということを。

そりゃ見ず知らずのよくわからん外国人バックパッカーを夜中に車に乗せたりしないわ。昼間だったらまだいいが夜にこうなるのはよく考えたら当然だ。僕だって日が暮れたらそんなリスクはわざわざ犯さない。

そんな感じでヒッチハイクは失敗した。バスも来なかった。さっきの運ちゃんの言うことは正しかった。疑ってすまん。こうなると夜の寝床をどうするか問題が生じる。

すでに宿の予約はコパンという町で取ってあったが辿り着けないと意味がない。さらにヒッチハイクに賭けたところで望みは薄い。

コカイン中毒者ニキとの出会い

とりあえず必要な情報は次の街へのバスが朝何時頃に出発するかである。田舎で人通りも少なくなってきたのでスーパーでビールを買うついでに調べることにした。トイレも借りたかった。

瓶ビールを持ってレジで買いながらバスのおおよその時刻を聞いていた。今日バスの乗り換え失敗してこの街に滞在せざるを得なくなっちゃったんだよね～とか雑談していた。

店主が事情を聞いてトイレを貸してくれた。ありがたい。

トイレから戻ると隣で喋っていた別の常連客と思われる若い兄ちゃんが「え、だったらうち

強盗に遭ったらタックルできるように追加のアーマーがついた車がよく走っている

に来る???」と提案してきた。いやマジか。願ってもない提案である。現地人がどういう生活しているかを知る絶好の機会でもある。

海外旅行では詐欺や事件に巻き込まれないように知らない人にはついていかない方がいいと巷ではよくいわれる。それも身を守るには正しい判断基準だと思う。僕もそれでぼったくりに遭ったりしているからよくわかる。

だがしかし、一番面白いイベントが起こるのもこの「知らない人についていく時」なのだ。イラクでは知らない人についていったお陰で、モスクで一番偉い大アヤトゥーラーに謁見する機会を得たのも同じスタンスのおかげだった。

こういう提案をされた時、警戒心は持てど抗しがたい欲求に駆られる。観光地だけを巡るような点と点でしか動かない旅行は非常に味気ない。そもそも外で野宿するのも危険なので、どうせ危険なら面白い方を選ぶのが限界旅行者である。

「ちょっと俺も買いたいものがあるから家行くのはそのあとでもいいかい?」彼には彼の用事があるのだろう。尿意はもうないし、宿泊先には今日中に辿り着けないことがわかった時点で日程変更の連絡はしておいた。懸案事項は今日の宿だけだった。

歩き出しながらお互い自己紹介をした。そして、何を買いに行くのか気になったので聞いてみたら「コカインだよ」と。

はい、来ました!!!!!!!!!!!!

中南米に入ったのにマリファナの匂いすら一回も嗅いでおらず、エルサルバドルみたいにここ数年で治安が劇的に改善して普通の国になってしまった国もありある意味がっかりしていたところである。ようやく薬物をやっている人に辿り着いた。

コカインの売り場は今いたスーパーから彼の家とは反対側にあるらしい。ちょっと距離歩くけどいいか? と聞かれたがこういう時のために普段から鍛えてある。正直片道二キロ歩く程度なら荷物あろうが誤差の範囲である。

というわけでえっちらおっちら荷物を背負って歩いた。小さな街なのでそこまで大変ではなかった。

コカイン売り場とやらに着くと若者が五~六人たむろしていた。おお~ほんまに売ってるらしい。かなり街の外れにあったが地図を見る限り教会とバスケットコートの裏手にあった。バスケコートは理解できるが隣に教会があるのはもう恐ろしい限りである。中米はカトリックが強いがその目と鼻の先にコカイン売り場があるとなると教会関係者も腐敗していてもおかしくない。

警察や軍隊、政治家も腐敗しているというが、宗教世界にも生臭坊主が多い可能性があった。すごい世界だなと思いながらついていった。

小売店のような建物の、鉄格子が入った窓の前に三人ほど人が並んでいた。どうやらジャンキーの先客がいたようである。お金を渡すと中から手が出てきて何かを渡した。

順番が回ってきて、同じようにコカイン兄貴もお金を渡すと中からサランラップに包まれたような小さな包みを握って戻ってきた。それから売り場近くの段差に腰かけたと思ったら地面をガサゴソと探り始めた。

コカイン吸う前から何をし始めるんだ。もしかして既にハイになってるのか？　と思って見ていたら小さなものを握りしめていた。それは直径四〜五ミリほどの細く短い鉄パイプであった。振りシャー（振るシャーペン）の中の、芯を繰り出す金属製のパイプと同じぐらいのサイズである。

するとそのパイプの片側に紙かなんかを詰め、もう片方にさっき買ったコカインの粉末を詰め始めた。うわ、まじか。落ちてたパイプを使い回すのか。注射器使い回しよりは幾分マシだけどジャンキーが使ったパイプ使うのかよ。こりゃ感染症もらってもおかしくねえぞ。まじで汚ねえ……。

そのまま彼はライターで炙って吸い始めた。僕も自分の免疫力がどこまで強いか試すためにかなり不衛生な生水を飲んだり屋台飯食べたりしているがこれには驚いた。普通にやっているのでいつもここで吸う時は拾っているのだろう。

吸っている間周りにいた若者たちに僕のことを紹介した。日本人と言ったら初めて会ったらしく喜んでいた。連絡先の交換と写真撮影を求めてきたので了承した。

こちらが記念撮影タイムをしている間に一パケ吸い終わったらしい。すると、金持ってない？　と聞かれた。あー金欲しいのかこいつ。物乞いにお金せびられてもあげることはないが麻薬中毒者にお金あげたら面白いのであげるか〜。

そんなことを考えていたら、「今お金これだけしかない、あとで家に帰った時に渡

コカインを金属パイプに詰めて火で炙ろうとするコカイン兄貴

すからお金貸してくれ」と言ってきた。お金貸す時は返ってこないものとして貸しているが、コカインやっててどこまでこの言葉に重みがあるか気になったのであげるのではなく貸すことにした。

一パケは大体一ドルちょっとである。めちゃくちゃ安くてびっくりした。日本だと末端価格一パケ六〇〇〇円とかだったはずなので日本の四〇分の一である。なるほどなぁ、これだけ価格差があると密輸とかを考えるわけである。なんなら製造・密輸をホンジュラスでしている場合はもっと安く仕入れているはずなのでさらに価格差がある。

コカイン中毒者の若者らと記念撮影

コロンビアからの潜水艇がアメリカやヨーロッパにコカインを密輸しているみたいな話があるが、一回で数百万から八〇〇万円になるのででかい。ホンジュラスも平均年収三〇万の世界なので、一回密輸成功すればFIREみたいなもんである。

吸い終わるとまたお金をせびってきた。お、こいつ結構図々しいじゃん。まぁ家泊めてもらうし面白いからいいか。

最終的に一〇回分購入していた。最後は俺の明日のバス代残しとかなきゃいけないってのに懇願してコカイン買ってた。

というか、え、そんなに大量に吸入して大丈夫なもんか？　少なめに見積もっても一パケ〇・二グラムとして、持ち帰りの分抜いても一・五グラム以上は摂取している。

ジャンキーってすげえ。ミスったら急性コカイン中毒になりかねん量だぞ。毎日このペースで使用しているとコカイン代だけで平均年収を超えてしまう量だ。どう考えても多すぎる。

バス代は飛んだけど、なかなかここまでの中毒者は見たことがなかったので非常に面白かった。コカイン経験者は割といるが、ここまで後戻りできないようなレベルの中毒者には初めて邂逅した。

強盗対策でほぼ現金を持ってないのでこの時点で俺の財布の残弾は切れていたが、持ち帰り用のコカインをポケットに入れるとそろそろ帰ろうと言ってきた。

少し歩いたら建物の影に隠れてまたゴソゴソとパイプにコカインを詰め始めた。完全にやめられなくなっている。そして場所が大通りに近かったので車が通るたびに動きを止めて警戒している。

正直そろそろ疲れてきて寝たかったので僕が代わりに見張りしているからさっさと吸い終

わってくれやと言ったら安心して吸い始めた。

アニキの家へ

流石に満足したのか吸うのをやめてタクシーを探し始めた。他の乗客が乗っていた三輪タクシーが止まったのでそれに乗った。後ろに三人、前に一人、運転手も入れたら五人も乗っている。俺の荷物も合わせたら五・五人分の重さということもあって最初タイヤが動かなかった。他の男たちが一回降りて一旦押しながら静止摩擦係数を超えるように押すとようやく動き出した。ふぅ。まぁ俺は後ろに座ってて何もしてないけどな。

順調に走り出し町外れにある建物の前まで来ると三輪タクシーから降りるように言われた。コカイン兄貴は「ここの近くだわ」と言って歩き始めると建設途中で放棄されたコンクリの建物の中へと入っていった。

もしかして、ホームレスでここを根城にしているのかこいつ？　ここで寝るのなら野宿と変わんなくないかと思っていると部屋の隅に灯りがついて突如としてマチェーテ（山刀）を持った老人が現れた。

クックックと漫画のように笑うとコカインニキ（兄貴）は彼を友達だと紹介した。なるほど、そういう交友関係があるんだ。薬物中毒者とホームレス、これまた相性の良さそうな組み合わせだ。

そのお爺さんは部屋の隅っこに置いてあった酒瓶を取り出すと飲み始めた。コカインニキは落ちていたコップの残骸を拾うとそこに酒をもらって渡してきた。とりあえず蒸留酒だしアルコール消毒されてるしヨシ！　そうしてかっこむと喉がカッと熱くなった。味は悪くないな。

話もそこそこに家に向かおうと言い出した。ここが家かもと思っていたのでちゃんと別に家あるんだと安心した。ついていくと突如として草の生い茂った斜面を下り始めた。こいつ何してるん？

そのまま彼は闇夜に消えた。足元が見えるようにライトを照らして下りようとしたらやめろと低く、鋭く、慎重な声で止められた。

「Policía………!!!」

なるほど、こいつは警察を恐れているのか。それにしてもここまでする必要あるのか？

ホームレス老人の根城

吸ってるところを見られたわけでもないのに。ただそうこうしているうちに彼はどんどん坂を下っていってしまった。スマホの画面のわずかな明かりを頼りに足を着けそうな所に当たりを付けて下りた。なんだこれ、野宿よりよっぽどハードじゃないか。

それにしてももしかしてこの川の近くに秘密基地でも作って寝泊まりしているのか？　日本でもホームレスが河川敷や橋の袂とかにいることはあるけどもしかしてそれか？

しかしそいつは土手を下りて河原の石ころの上に立つとおもむろに靴を脱ぎズボンの裾を捲り始めた。

え、川渡るの？？？　正気か？？？？？

俺はてっきり川沿いに掘っ立て小屋でもあってそこでその日暮らしをしているのかと思っていた。本当に川の向こうに住んでるのか。暗い中荷物全部背負って川なんか渡りたくね～。とかなんとか文句を垂れながらもこの状況は面白すぎた。バスの乗り換えをミスっただけでこんなイベントが起こるのが限界旅行の醍醐味である。

川を渡り切るとこれまた深い草むらだった。確かにここを通過している限り誰かに見られることはまずないだろう。ここにある獣道みたいになっている部分はこいつだけが踏んでできたのか？　そう考えると滑稽で笑いが止まらなかった。

川沿いに進んで橋も見えなくなった頃コカインニキは土手を登ろうとした。荷物を背負っての傾斜は富士山九合目ぐらいの気分である。距離は短いのですぐ登り切ったが。

土手の上には有刺鉄線で柵が作ってあった。中米では日常の光景である。コカインニキは木を探すとよじ登って越えようとしたが全然上手く越えられない。こいつ有刺鉄線の越え方も知らずにこの道選んでるのか。ちょっと呆れながら持っていたコートを有刺鉄線にかけそこを跨ぐように促した。

すんなり柵越えしたので荷物を一旦先に渡して僕も柵を越えた。そこからは牧草地みたいな敷地でかなり歩きやすかった。一キロほどひたすら歩いていく。コカインやるとこんな道を毎回通らなきゃいけないのか。薬物のために偉いな。

罰金はどれくらいか気になったので聞いてみると約三〇〇ドルだと言う。意外と安かった。年収で比較したら日本で五〇万円ぐらいか。まぁ、一回一ドルでコカイン買えるなら三〇〇回分だし威圧効果はあるらしい。抑止効果はないようだが。

ここで俺が買った酒を開けて飲もうと言い出した、まぁここからの道は平坦そうなので悪くない。今日はお疲れ様、渡河作戦成功おめでとうの乾杯！

そうこうするうちに道路に辿り着いた。もう一回身を伏せるように言われその通りにすると車が通過した。この農場らしき場所の柵がわりかし高くて難儀した。荷物が二五キロぐらいはあるので担いで乗り越えるのは大変だった。

それから彼は用心深く道路の先に目をやると手招きして道路を渡るように合図した。あとどれくらいあるのだろうか。一〜二キロとは聞いていたが川や有刺鉄線を越えたりするとは聞いてない。いくら面白いとはいえ野宿の方が安全だろ。

ようやく複数の灯りが見えてきた。そのうちの一つに向かっていくと「ここが家だよ」と伝えてきた。それがこちらである。うおすげえ……。ちゃんとした現地人の家だ。コンクリートブロックを積み上げトタン板を乗せただけの家。軒に至ってはそこらに生えている木や竹を組んだだけ。構造強度を増すための筋交すら入っていない。地震が来たら一発で崩れる構造だ。

兎にも角にもここまで来られたし寝られるならどっちでもいいや。コパン遺跡方向に向かう道が近くにあり、明日起きたらさっさとバスを捕まえればそのまま直行できる位置にあった。

そしてコカインニキはその家の扉の一つを開けた。すると女

コカインニキの家

の人が寝ていた。そして「ここで寝るといいよ」とその女と同じベッドを指差した。

よくわからん人と同じところに放り込まれても気まずいことこの上ない。床で寝るからいいよと言って断ろうとすると一瞬外に行ってゴソゴソ石の下から何かを取り出したかと思ったらまたコカインを吸い始めた。

そこにいた女の人も回し吸いすると恍惚な表情を見せていた。なんだここは、一家全員コカイン中毒者か。すごい家に来たな。コカイン中毒者一家と一つ屋根の下、何も起こらないはずないよな……とこの時は呑気に構えていた。

この女は俺が持っていた水を飲み干し「何か食べ物はないの?」と聞いてきた。「移動中に食べる用のパンなら持っているが……」と答えると奪い取って食い始めた。こいつはヤバい女だな……。これと一緒に寝るのか。だいぶきついな。

とりあえずこの時点で二三時半ほどである。朝からバス移動で疲れていたからさっさと寝たかった。ただ周りは熱帯雨林である。機密性のかけらもないあばらやである。容赦なく蚊がぶんぶん飛んでいる。

薄い布団を貸してもらって足と手が蚊に刺されないようにさせてもらう。最初はそれで寝ていたが猛烈に蚊が飛んでいて、とてもじゃないが寝られなかったのでコートのフードを被って耳周辺を覆い、多少の対策をした。

知らん人ばかりなので念のためにリュックと自分の足を延長コードで結びスマホとバッテリーをフードの中に入れておいた。そして眠りへと落ちた。

深夜四時半頃に突如体を揺さぶられた。何かと思ったらコカインニキであった。深夜になんだと聞いたらイマイチ要領を得ない。翻訳ツールのDeepLを使うに、なにやら今日僕をこの家に泊める話を通すのに妹にその証拠を見せねばならないからバッテリーを貸してくれとかなんとか。

さっぱり何を言っているのかわからなかったが、こっちも安眠を妨害されてかなり眠くてイラついていた。一五分ぐらい押し問答したが一〇分で返すから貸してくれとのこと。

まぁ、今自分はこいつの家にいるし、貸したところで返ってくるやろ。一〇分後やぞ~と言った。こいつさっき死ぬほどコカイン摂取してたしあの量体に入ってたら覚醒して今晩は寝られないんだろうと思って貸した。何よりこちらも眠くて仕方がなかった。とりあえず一〇分間のタイマーをかけて寝た。

一〇分後に目を覚まし、バッテリーを返せ~~と叫ぶが返事がない。さっきは隣の扉を叩いていたのでそこに行ってみるが返事がない。あれ、こいつ寝たのかな。まぁ明日の朝に回収すればいいやと思ってまた眠りについた。

次の朝、隣の女が朝六時ぐらいにゴソゴソし出して揺さぶってきたがもう勘弁してくれやという感じでテキトーにあしらった。二回も眠りを妨害されたらたまったもんじゃない。ショートスリーパーの才能は一切ないので睡眠妨害されるとバチクソにイライラしてしまう。

また眠りにつき目を覚ました頃には八時半になっていた。どうやら思った以上に疲れていたらしい。

この時点で隣で寝ていた女は消えていたが、コカインニキもどこに行ったのかわからなかった。隣の部屋で寝ているのか、それともかなり目が冴えているはずなので寝られずにどっかふらついているか。

だがそれ以上のことはわからなかった。街から二キロ近く離れているし地理がよくわかっていない。ネットは通じるので特に困らなかったが、彼からバッテリーを返してもらわないと次のコパン遺跡方面に向かえない。

昨日スーパーで調べた感じだと朝の八時ぐらいからバスが走っているだろうということなので、道路で通りかかるのを待っていれば来るはずである。まぁただ、せっかく泊めてもらったし、次の街まで六三キロと長くとも二時間で着ける距離なのでゆっくりしていくことにした。

そして待ちながらこの家を観察してみた。

これがいわゆる中米地域の田舎での一般住宅である。先述のような簡易構造の家に、周りは木の棒で柵が作られている。境界線の曖昧な庭を縦横無尽にニワトリやら猫やら犬やらが走り回っている。まぁ日中は暑いのでみんな日陰のコンクリか石の上で涼みながら昼寝をしている。

車の窓からこういった外観の住居は見ていたが、実際中に入ってみるのは初めてであった。中米に限らず発展途上国の田舎の家ってこんな感じのほぼ掘っ立て小屋みたいな家だよなと思った。

本来朝イチで出発するつもりでいたので、そろそろバッテリーを返して欲しくて昨日コカインニキが向かった隣の部屋の扉を何回か叩いて呼びかけてみたが反応がない。寝ているのか？？？　一応北半球だからこれでも冬扱いだし、土曜の午前だから長時間寝ているかもしれない。十一時すぎになっても起きてこないので、昼を過ぎたら無理やり起こそうかと考えた。

結局軽く扉を叩いて呼びかけるようではダメである。こうなったら最終手段である。

次の日の朝撮影した家の全体像

僕の名前は指笛奏者だ。

扉を叩いて呼んでも反応がないのを確認して、思いっきり指笛を警笛のように吹いた。僕の指笛は山の上や湖のような静かな水面など障害物のないところなら数キロ先まで聞こえる爆音である。住宅街でも数百メートルぐらいは響き渡る。まぁ昼すぎたしこれくらいなら近所迷惑になってもいいだろう。

そうして思いっきり指笛を吹き続けた。数回吹いても出てこないのでこれは籠城決め込んでいるなと判断し扉を叩きながら出てくるまで吹き鳴らし続けた。

四～五分ほど鳴らし続けるとようやく扉の鍵を開けて眠そうな顔をしてきた一〇歳ぐらいの男の子が出てきた。だいぶ小さい子がいるな。まぁでもこういう場合あのコカインマンがしれっと隠れていて居留守を決め込んでいることが考えられるので、そのままの勢いであの男の行方を聞いた。

家の各部

すると知らないという。後ろから姉と思われる中学生ぐらいの女の子が出てきてこれまた知らないという。昨日そっちの部屋に入るのをこの目で見たんだから知らないということはあるまい。そう問い詰めた。

居場所を聞いたが判然としない。お前ら隠してたりしないか？　返すと言って返さない時点で信用をなくしているのでここからは詰めるしかない。

知らんみたいなことを言ってさっさと出てけみたいなそぶりを見せたのでそのまま扉を無理やり押して開けた。そしたら本当にいなかった。あいつどこ行ったんや、子供たち、起こしてすまんかった。

さらに話を聞くと、男がコカインをやっていたことも朝方帰ってきたのも知っているがそのあとどこに消えたかは知らないようである。

立て篭もり

仕方がないのでじっと待っていると昼になった。子供たちが部屋を出たり入ったりしてくる。最初は謎のアジア人に戸惑っていたがさすが子供だけあってすぐ順応していた。

時間は容赦なく過ぎていく。昨日最終バスは一九時の時点でなくなっていたのでそもそも遅くまでバスがあるわけではない。それにホンジュラスにいる以上、荷物を持った状態で夜道を歩きたくはないので可能な限り日が暮れるまでにコパンに着きたかった。そうやって逆算すると、ここを出るリミットは一五時半ほどである。

すでに時刻は十三時半ほどになっており、もう雰囲気的にこれは一五時半に出発できなくね？　と思ってはいたが一縷の望みを賭けていた。これは厳しいな。とりあえず妥協しても終バスで一八時発の二〇時着かなこれは。

ホテルは昨日の時点ですでに一日予約をリスケしてもらっているので遅れるとまた面倒くさいことこの上ない。コカインやら渡河劇は面白かったが、予定が狂いすぎるのは困るし、田舎すぎてやることがないから暇でだんだんイライラしてきた。

田舎で圏外になったりした時にいつでも読める用のPDFをiPhone内に溜め込んでいる。暇すぎて、アッカド語と気象観測の手引きとリバースエンジニアリングの文章をだいぶ読み進めてしまった。こんなところで読む予定ではなかったの

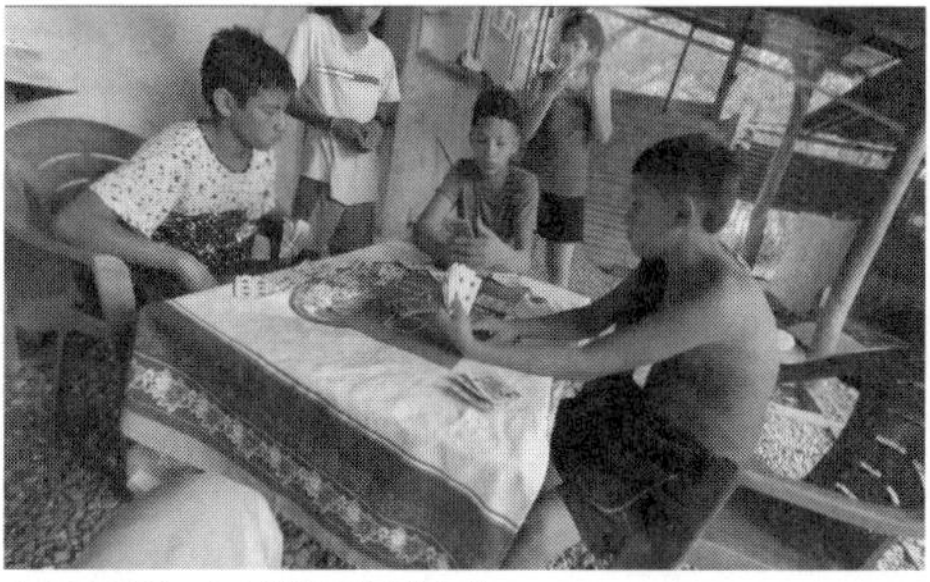

トランプゲームに興じる子供たち

だが。

コカインニキは昼間は結局現れなかった。この家にいた子供たちが「あなたはいつになったら出ていくの？」と何回も聞いてきたため、子供たちもグルの可能性が高くなってきた。最初は穏便に諦めさせて出ていかせようと考えていたようだが、俺が予想外に粘って家に居座るのでどうやら困っているらしい。

夜になって、子供たちが全員いつの間にか消えたと思ったら暗闇から投石してきた。中にはゴルフボールより大きい石も交じっている。これ直撃したら結構痛いな。頭と顔をヘルメットで防御したいレベルの大きさだ。

う〜ん、さっきは打ち解けたように見えたがこの子供たちの仕打ちを見るにどうやら歓迎されていないようだ。バッテリー返す以前に、コカインやってた二人は帰ってくるつもりがないようだし今日もこのままこの家で過ごすのか。

すでに日が沈み終バスがなくなろうとしていた。そろそろ覚悟を決めねばならない。籠城決め込むなら暇だしさっさとビールでも買ってくるか。

街への道は一本道で、その両脇はほとんどが熱帯雨林だ。一本道では警察が検問をしているので、仮にビールを買って戻ってきても、僕が道路を直線的に往復する限り彼らより早く家に帰ってこられるはずだ。

そうと決まればさっさと移動あるのみである。ここの子供が連絡する可能性を考えて外出する旨を伝えた。戻ってくるまでに帰ってきていたら面白い。

外に出るともう辺りは真っ暗である。ライトをつけながら歩いていくと検問に引っかかった。よくわからんアジア人がこんな田舎の道路歩いてたらそうなるよな。だがこれで良かった。一応バッテリーを取られて争いかけたままなのでここからどういう展開になるかわからない。

警察がどっちの味方かはわからないが一応僕がここにいることだけは頭の片隅に残るようにしておいた方が万が一の時役に立つかもしれない。

パスポートを出すように言われたが近くにある家に置いてきたから今は持ってないと言って写真で見せた。これで僕があの家に滞在していることは伝わった。そこにいる理由などを細かく聞かれたがもう慣れたもんである。スラスラ答えて

麻薬のブローカーや不法入国者を取り締まる検問

いたら検問で待機していた他のホンジュラス警察の人が全員わらわら集まってきた。

まぁこれだけ目立っておけば問題ないだろう。そう思っていると「シン・フヒヤマは知っているか？」と聞かれた。日本人Youtuberらしい。名前はシンだと思ったがフヒヤマってなんのことだ？ そして少し考えるとわかった。スペイン語でJがハ行で発音されるからFujiyamaでフヒヤマと読んだだけか。藤山森（フジヤマ　シン）だ。なんかどっかで見たことある名前だ。

動画を見せられたが、どうやらホンジュラスでスペイン語で喋って人気を博している日本人Youtuberだった。なるほど見た記憶があるわけだ。とりあえず知っていると答えておいた。世の中いろんな人がいるもんである。

なんか打ち解けたので、なんでここで検問しているのと聞いてみた。するとやはり難民や薬物の運び屋を取り締まっているとのこと。でもメインはコカインの密輸らしい。コカインニキがここを避ける理由がわかった。そりゃ大量に摂取したあと、のこのこ歩いて尿検査したらアウトだ。まぁこの国で売人でもない末端使用者を取り締まっているとは思えなかったが。

検問での職質を終えてさっと街に着くとスーパーに寄ってホンジュラスビールを六缶ほど買った。ご飯と次の日の飲み水用のコーラも買っておいた。クーラーなしの熱帯地帯なのでずっと暑い世界である。水分補給は大事である。

必要なものを買い揃えるとまた家に戻った。途中コパン行きのバスが通りすぎていったのを指を咥えて見ていた。二度目の警察はあっさりしていた。冗談まじりに「コカイン持ってないよな？」と聞かれたのでビール缶の詰まったリュックを見せると楽しんでね〜と言われ、そのまま軽い調子で別れた。

さてここからが長い夜の始まりである。家に置いてあったマチェーテを回収して帯刀しておいた。帰ってきたのがわかるとまた投石が始まったが、酒を飲んで気持ちよくなっていたので指笛を吹いてお返しするだけにしておいた。

それから子供がこっち側にきたが「いつ頃出ていくの？」探りを入れるような質問を繰り返してきたので「バッテリー返してくれるまで」と満面の笑みで返しておいた。こちらが引くつもりは一切ないという意思表示である。

ついでに酒飲むかと勧めたらはにかみながら要らないと言った。おお〜〜こいつらは少なくとも酒飲まんのか。となるとまだコカインに手を出してない可能性が高いな。それは良かった

マチェーテを帯刀する

良かった。

両親やら年上にそそのかされて薬物に早くから手を染めやめられなくルートは非常に多いケースなので、まだその輪廻に巻き込まれていないだけ少し安心した。

臨戦態勢

途中マチェーテを返してくれと言われたが、このまま夜になってこちらが眠くなったタイミングで邂逅すると分が悪いので拒否した。なにせあっちはコカインを吸って眠気が消えている可能性があるのだ。

戦場でヒロポン打たせた眠らない兵士と相対するようなものである。こちらは眠らないとダメなタイプである。寝込みを襲われたら勝ち目がない。

ビール缶を傾けながら投石に対して逆に投げ返したりしていたが、結局そのまま時間は徒らに過ぎて日付を跨ごうとしていた。これはまずいな。

色々策を練った結果、どこかに隠れて寝ても蚊の攻勢により睡眠不足に陥る可能性が高いので、部屋に立て篭もることに決めた。

自分を守るためでもあるし、相手の寝床を占領することで睡眠をとる機会を与えない戦法である。コカインの効能がどれほどあるのかわからないが、少なくともこちらは睡眠が確保できれば色々対応できるので、そこさえ死守できればなんでもいい。

そうとなったら準備が重要である。とりあえず部屋の扉と窓に鍵はかけたが、相手は薬物中毒者なのでいつ来るかもどう出てくるかもわからない。とりあえずマチェーテを枕元に置いておくとして、寝ている時に襲来された場合に起きられるようにしなければならない。

扉は二重でロックをかけられるような構造だったためそのままにしておいた。しかしこじ開けられる可能性があったので扉の前に空き瓶を何個も並べておいた。これなら扉が開いた時に瓶が倒れて大きな音が鳴り目を覚ませるはずである。

次に窓である。ここも乗り込まれると分が悪い。鍵はついていたが建て付けが悪く開けようと思えば外からでも開けられる感じがしたのでカーテンをしてから部屋に置いてあった衣装棚を窓の前に置いた。これなら、こじ開けられたとしても通過するのに苦労するはずだ。物理的にそこにないはずの壁が出てきたように見えるわけだし。

あとは寝るだけである。枕の下にマチェーテを置いておき臨戦態勢だ。いつ起きても対応できるように靴も履いたまま、コンタクトもしたまま寝ることにした。角膜が傷つくリスクがあるが短期間なので大丈夫だろう。あとの時間の大半は蚊との戦いである。昨日も熱帯夜のなか布団を被って顔も隠して寝たがそれくらいやらないと刺されまくる。マラリアやデング熱、ジカ熱、媒介感染症に気をつけることも大事である。

こうして準備は整ったので気持ちよく酒を飲み切ってから寝た。

深夜二時半頃ゴソゴソいう音で目が覚めた。ハッと目を覚ますと女が窓から侵入しようとしていた。あらら、まぁ棚があるから入れないけど。

押し返して入れないようにして距離を保ったあと、バッテリーはどこかと聞いたがスペイン語がたどたどしくて何を言っているのかわからない。こいつまたなんか薬物やってんな。呂律が回っていない。会話が成立しないんじゃどうしようもない。ただ一つあの男について聞いた時に「夫なの～」と言ったのだけは聞き取れた。

だったら連絡つくだろ。さっさと男呼び出してバッテリー返させろや。そうやって再度侵入しようとするのを拒むと絶叫していたが無視した。そのまま窓を閉めて部屋の中を漁ると段

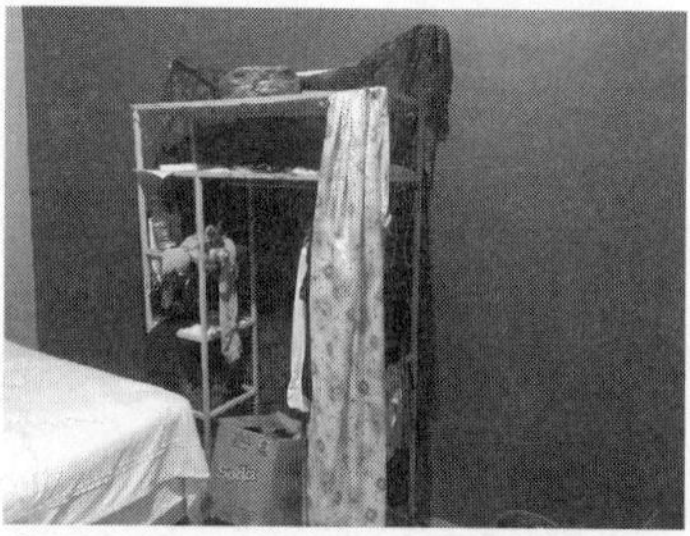
窓は衣装ラックでバリケードを構築。床には瓶を置いておき足が着けないようにしてある

ボールの裏に使わなくなった掃除用のモップがあったので、それを使って窓につっかえ棒をしておいた。これならガラスを割らない限りは入れない。

二〇分ほど様子見をしていたら女はまたどっかに消えた。虚空に向かって、はよ男見つけてバッテリー持ってくるように言ってこいと怒鳴った。ここまできたら近所迷惑など知ったことではない。

今度は早朝四時半頃にまた扉と窓を叩く音がした。しかし先ほどよりもセキュリティを増強していたのでそれ以上何も起こらなかった。一応何が起きてもいいように臨戦態勢でいたが、出入り口を完全に塞いだので突破できなかったらしい。

少し扉を開けてまたバッテリー返せや、じゃないとここからは出ていかんと宣告した。それにしても肝心の本人はどこで何をしとるんや。

二度の襲来のあとは特に何も起きることはなかった。起きた時には九時を過ぎており爆睡していたことを知った。やはり、どういう状況でもおまんま食べて寝られるって大事な才能なんだなと自画自賛した。

朝飯を食って水を飲んで待機する。まぁそろそろ潮時やな。返す気なさそうだしこれ以上予定狂わせても多分状況がよくなることはないだろう。

そう思っていると隣の扉を叩く音がした。そっと扉を開けてみると例のコカイン野郎である。バッテリーをはよ返せと言うとちょっと待ってと言って子供の寝ている方の扉を叩き呼びかけ始めた。

反応がないと見るとそこから水瓶の近くに行って服を脱ぎ始めた。

「今からシャワー浴びるわ」

なんだこいつは。

ここでそいつが裸になったので目を離したのが間違いだった。この中米文化圏で他人の裸を露骨に見ていいのか知らないが、勝手のわからない土地でヘタを打たないようにと無意識的に避けてしまった。完全にこれはミスだった。

しばらくするといなくなっていた。囚人を監視する時にトイレから逃げ果せるとかよくある話なのにそういうのを失念していた。まぁしかしバッテリーは持っていなかったから既に売られた可能性が高そうだ。

あ～これは戻ってこなそうだな。ここまでくると勘違いとかではなく確信に変わってくる。発展途上国だと電子機器を手に入れるのが難しい。基本的に予備のためにライトニングケーブルだけでも六本とか持ち歩いているし、バッテリーも二万ミリアンペアの物を常時二個は最低でも持ち歩いていた。

だが少し前にグアテマラでバスの車内に一個置き忘れていたため、今回のバッテリーをなくすと予備がなくなってしまう。三〇時間かけて登山したり何日もインフラのない世界に行ったりする時にはバッテリーが四万ミリアンペアぐらいはないと安全性が確保できない。

バッテリーを失ったのがほぼ確実になった今、かなり行動制限がかかった現実を認識した。うわ〜うぜえ。

正直金はどうでもいい。もうちょいGDPの高い国だったらすぐ買い替えられるのでさっさと諦めていたがここはホンジュラスだ。周辺国でも手に入れるのは難しいだろう。買いに行くならどっかで旅行を中断してアメリカか西欧あたりに飛んで買わねばならない。バッテリー自体は七〜八〇〇〇円程度だが、往復の航空券や機会損失を考えると数十万円程度の損害では済まない計算である。

コカインぐらい買ってやるからクソうぜえことしてんなよとマジでイライラしてきた。バッテリーを盗った割に他に持っていたMacbookとかは盗られていないのもよくわからない。

あああああ、うぜえええええ。こういう地味なうざさの方がイラつくんだよな。身ぐるみ剝がれていた方がある意味諦めがついていた気がする。

これ以上先延ばししたところで事態の改善は見込めない。そろそろ飽き始めていたのもある。なので最終通告することにした。

子供たちも被害者かもしれないがどうしようもない。姉と弟は俺の話を聞いてなんとも言えない困惑した表情をしていた。が、続けた。今日中にバッテリー返ってこなかったら警察に行くわ。これをあの男に伝えておけ。どうせ連絡つくんだろ。

結局あの男女が子供たちの兄夫婦なのか両親なのかよくわからなかった。昼間は外に行って帰ってこないし親をやっているような様子が一切感じられなかった。

まぁそこら辺は正直どうだっていい話である。人の家で立て篭っていて予定が狂って暇だから色々想像したくなるだけだ。

仮に父親だったらこいつら大変だよな。両親共にコカイン中毒で母親は少なくとも物乞いである。父親も何しているかわからない。少なくとも俺のものを借りパクしたまま売り飛ばしてコカイン買うような人間である。

こういうのを見ると自分がかなり恵まれた家に生まれて育てられたことに感謝せずにはいられない。一時期父親がリストラされて貧困だった時期があるが、それでもヴァイオリンのレッスン料だけは将来のためにとやりくりして払ってくれたのを思い出すとあまりの落差に少し悲しくなった。

とはいえ、同時にここはホンジュラスである。世界でも殺人事件がトップクラスに多く、そのうち九〇％以上が闇に葬られる。政府も軍隊などを使っているが追いつかず銃所持を合法化して自らの身を守れと言っているような国である。

これは完全に自力救済世界である。近代法が発明される前の中世時代の価値観だ。自分の身と財産は自分で守らねばならない。舐められたら身ぐるみ剝がれる。やられたら徹底的に報復をしなければならない。

報復

治安警察や司法がまともに機能していない、近代法の支配下にない自力救済社会でなら、人のものを盗んだら手を切り落とすぐらいの報復が妥当であるが、さすがにそれはどうかと思うので徹底的に嫌がらせをして報復することにした。

バッテリーが手に入らないことによる機会損失は自分にとってかなり大きい。平均年収三〇万円のこの国で貧困層となれば年収数年分の代価を払わせるのが妥当な報復である。

そうやって考えると麻薬カルテルが物取り犯の手を切り落とすというのは金銭ベースだと妥

当な指標なんだろうな。資産を持たぬ者が差し出せる物は限られている。まぁただ僕もそこまで鬼ではないのである程度で手打ちにすることにした。

ということで相手の家にいるという状況を利用してインフラ環境を破壊することにした。手始めに手元に残っていたビールとコーラをベッドにぶちまけておいた。コーラはもちろんオリジナルである。ベッドマットに糖分の入った水をぶちまけたらそう簡単には洗えないだろう。一リットルちょいは残っていたので結構水浸しになった。

ついでに電球とガラス瓶を布団で包み、マチェータを振り下ろしてガラスの破片を作った。細かいガラスは毛布やベッドに刺さると一個一個取り除くのは面倒である。

次にやったのは配線の切断である。壁コンセントの外側の蓋を外すと本体が壁にネジで固定されている。これをマチェータの先端をドライバー代わりにして外した。そうすると三本の線が出てきた。二本が交流電源の配線でもう一本は呼び線と呼ばれるものである。

これをできる限り引っ張り出し根本から切断した。配電盤で電気を落としていないので少し感電したが、一本ずつ切ってテープで絶縁したのちブロック内に押し込んだ。呼び線は力ずくで引っこ抜いた。

基本的に壁の中に埋め込まれた配線はパイプや呼び線といわれるもので外部から室内へと通している。手の届かない壁の中で配線を動かせるのはそういう仕組みである。これがないと壁自体を壊さない限り電気ケーブルを引っ張ってこられないのだ。

この家はコンクリートブロックを積み上げて表面をセメントで固めた構造なので、呼び線ごと引きちぎったら壁の中の配線を再び通すには家を建て直すしかない。木造家屋で壁が石膏ボードならまだ壁を剥がすだけで済むが、壁と家そのものが一体化しているのでそれはできないはずだ。

次はドアノブを分解した。幸いこの扉にはもう一個鍵がついているのでメインの鍵を壊してももう一個の鍵は掛けられる。分解作業の休憩中に持っていた塩コショウを水に溶かして飽和食塩水を作る。そして鍵の構造部の中に食塩水を流し込んだ。メッキや合金処理されているだろうからどこまで錆びるかは不明だが、最悪この熱帯地域ではすぐに水が蒸発して塩の結晶ができ、可動性を阻害できるだろう。

次に外にあった日曜大工用と思われるセメントを持ってきた。ここでティッシュペーパーを用意する。トイレの中に両者を放り込み流しては同じことを繰り返した。トイレットペーパーですらトイレに流したら詰まる世界だからどっかで詰まるだろう。

仕上げに部屋の中に落書きをすることにした。落書き自体はペンキで消せてしまうが、見た瞬間にうっぜ～～～とイラつかせられるだろう。何よりそのあと次々に判明するインフラ破壊の前菜として必要である。

部屋で使えそうなものを探していた時にマッキーのマイネームペンが落ちていたのでありがたかった。まさかこんな所で日本製の文房具を使えるとは思わなかった。ありがとう日本。

使えるかどうか不明だったからまずは扉に落書きして確かめてみることにした。最初に書いたのはLa Putaである。そう『天空の城ラピュタ』のラピュタである。

天空の城ラピュタのラピュタは『ガリバー旅行記』に出てくるラピュタ王国から取られているが、スペイン語では売春婦を意味する罵倒語でもある。直接言う機会は今までなかったのでようやくこの用語を使える時が来た。英語でもスラングを使うようなことまずないから別言語となればさらに貴重な機会である。

落書きをしていたらコカイン野郎が帰ってきた。初っ端からキレていて扉を激しく叩いてき

La Puta（売春婦）

た。お～まだこの家の内情見てないのにこの様子じゃあ最初から返す気はなかったようだ、俺のバッテリーは売られてコカインの購入資金にでも充てられたんだろう。

そうしている間に裏手から回って窓から入ろうとしてきた。カーテン越しに対応してバッテリーはどこやと声を張り上げ入り口側に誘導した。

途中からの不誠実な対応としらばっくれた態度にこちらも業を煮やしていたところなのでちょうどいい。いざ鎌倉じゃい。他の持ち物はすでにまとめていたので準備万端だ。

扉を開けるとかなり興奮した様子である。またコカインやったのかなぁ。とりあえず銃は相変わらず持ってないようだ。これなら問題ない。銃さえなければなんとでもなる。お金が手に入るとすぐコカインに投じてしまうのだろう。

いつまでこの家にいるんだみたいなことを言っていたがそれはおかしいだろ。さっさとバッテリーを返していれば長居することなく気持ちよくお別れしたのに。お前俺の金借りてコカイン吸いまくってたよな。家に帰ってきたら返すと言ってたのは

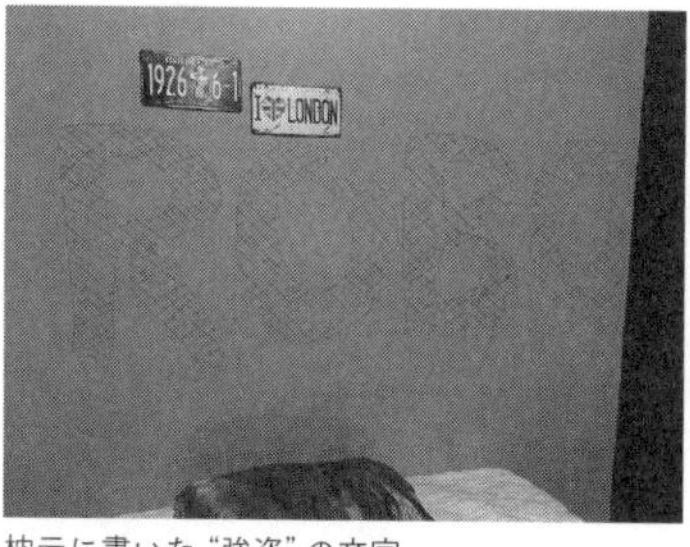

枕元に書いた“強盗”の文字

なんなんや。

そんなもんは知らん。そう突っぱねた。まぁそうだろうな。やはりこの展開になるんだ。

「コカインをやっているが心優しい現地人との交流」みたいなハッピーな展開では終わらなかった。

残念だなぁ。そうやってお互い怒気を含みながら押し問答していると胸ぐらと腕を掴まれて出ていけと言われた。これ以上引っ張ったところで状況が改善する見込みはなかったのでさらに怒らせることにした。

「よし、警察に行こうぜ」

彼が何よりも恐れていた警察である。まぁこちらも裏で繋がっている可能性があるので行く気はなかったが口撃としては申し分ない。彼の腕を掴む力が強くなったのを感じた。

よし、予想通り。上半身は裸で掴む袖がなかったので、勢いをつけて相手の腰のベルトと腕を掴んで投げ飛ばした。

よし！！！！！！！！

綺麗に大腰きまったああああああああああ！！！！！！！！！！！

あとはトンズラこくだけだ。相手は綺麗に投げ飛ばされて受け身を取れなかったから起き上がるのに時間がかかっている。さっと荷物を担いで道路側に走った。二〇メートルほど走るともう辿り着いた。警察が検問を張っているのが見えるのでそっちに走っていく。

後ろを振り返ると追いかけてくる様子はない。綺麗に投げ技が決まったしな。

外国人とタイマン張る時にやはり柔術は便利である。僕は腕っぷしには自信があるが殴り合いになるとチビなので分が悪い。その点柔道は摑みかかられても使える。みんな投げられたことがないので油断しやすく、受け身の取り方も知らないので気づいたら宙を舞って平衡感覚が狂い次の行動も遅れる。その間に走って逃げるのが手っ取り早い。

その後も追いかけてくる気配は全くない。一応警察に事情を説明したが検問の警察官は不法入国外国人や麻薬の運び屋を取り締まっているだけなので管轄が違うようだ。

こちらも返ってこないものにこれ以上時間を割くのは癪なのでここで切り上げることにした。まぁ、中米でまともに買えなさそうなAnkerのバッテリーを失ったのはかなり痛いが、最終的にちゃんとそれに見合う仕返しはしておいたのでここらで打ち切りである。

コカインの使用や購入場所などについての証拠も全て写真や動画で持っているが、これを警察に持っていったところで警察自体が麻薬カルテルから賄賂をもらって繋がっている可能性があるのでリスクが高い。

それに密告はこういうヤクザみたいな暴力組織が一番嫌う行為である。あくまで今回の件はコカイン中毒者のニキと僕自身の私的な争いであって、ここから警察に行って麻薬の販売ルートを潰してしまうと、個人対個人から個人対組織の話となってしまう。

中米の人たちの大半が優しい人だとしても、麻薬カルテルから警察まで全てを敵に回すのは流石に厳しい。やはりここが引き際であった。あとはこの都市を離脱するだけだ。昨日行き先を告げているが宿泊する場所とかは適当に濁しておいたので追いかけるのはかなり難しいはずである。何よりコカインを買うために人のバッテリーを借りパクして売るようなやつである。よくわからない目的のために貴重なコカイン購入資金をバス代に使ったりはしないだろう。

バス停には人がワラワラおり安心した。こういう場所ではスリやひったくり、ケチャップ強盗に遭うことはあってもさっきの続きが繰り広げられることはないだろう。待っている間に一仕事を終えたあとの栄養補給としてチキンを買って食べた。

コパン遺跡へと脱出

そのうちバスが到着して無事コパンの街へと脱出した。

人の家についていくと面白いことが起こるんだよな。徹底的にやり返したので人の物を盗むことに多少は懲りただろう。

やはり海外旅行は〝知らない人についていく〟方が面白い経験ができるのだ。これからも積極的にチャンスは摑んでいきたい。

12

ギアナ三国密入国体験記

皆さんはギアナ三国を知っているだろうか？　私の友人や百戦錬磨の旅行オタクたちからは「そんなの常識だろう」と返ってくるかもしれない。

ただ大多数の人間は多分知らないと思うので地理やらを踏まえた上でこの文章を認めていきたいと思う。南米一周旅行者ですら飛ばしてしまう人が大多数の地域だからだ。
※この文章は、今回のルート及び、越境の手段手法を推奨するものではありません。

ではまず地理から。ガイアナ、スリナム、フランス領ギアナの三つは南米の北にある小さな国である。（仏領ギアナは厳密にはフランスの海外県であるがいちいち二ヶ国一地域と呼ぶのはまどろっこしい

ので以降三つ全体を指す時は三ヶ国と表現する）

南米一周旅行者と呼ばれる人たちにはいろんなパターンがいるが、この地域は多くの人がスキップしてしまう。一番多いパターンはペルー・ボリビアのインカ帝国の遺跡とウユニ塩湖を見る王道ルート。ここは卒業旅行の大学生からハネムーンカップルまで多くの旅行客が訪れる。

次に多いのが北のコロンビアから、もしくは南のチリかアルゼンチンから入って南米一周する人たち。この人たちも多くはブラジルですらイグアスの滝だけ見て終わり、ベネズエラとギアナ三国は飛ばしてしまう。ちょっと危ない国や秘境が好きなタイプがベネズエラやアマゾンに行くパターンはあるかもしれない。

なぜギアナは飛ばされるか。それはこの三ヶ国が行きにくい、物価が高い、その割に見るものがほぼない、と三拍子が揃ってるからである。まぁ

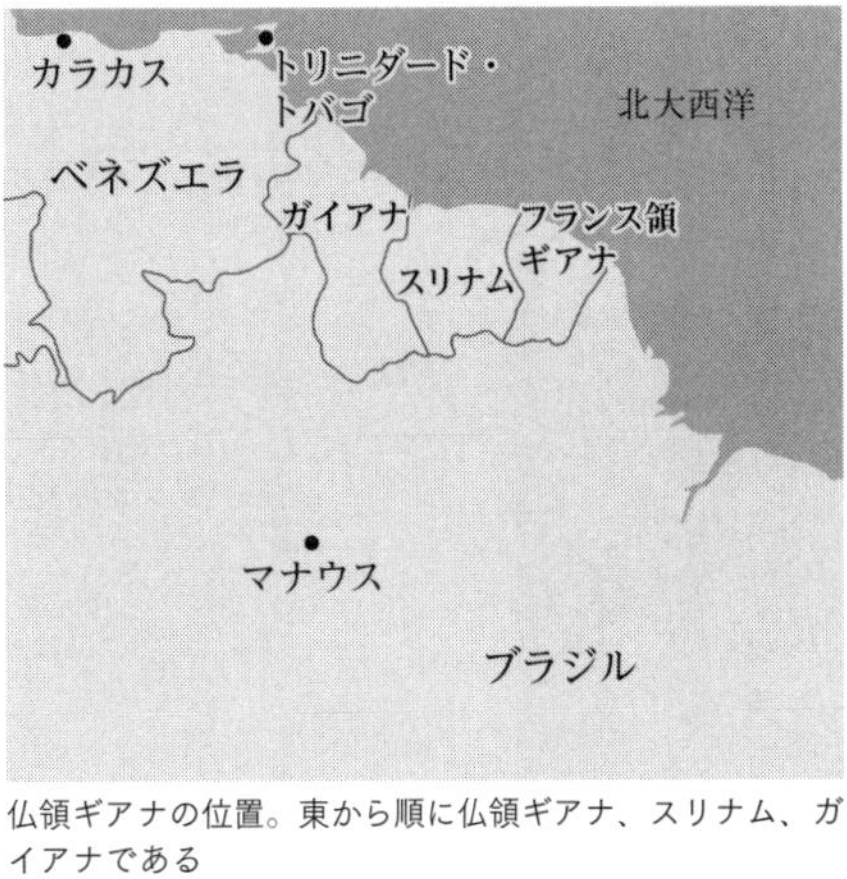

仏領ギアナの位置。東から順に仏領ギアナ、スリナム、ガイアナである

こんな感じのことは事前にわかっていたが、南米に行ったついでに行かないとわざわざ行くことは二度となさそうな国々なのでブラジル一周のついでに回ってきた次第である。

ただ行くのを決めた際、外国人旅行客でここを旅行した人が少なく、ルートを探してもあまり出てこなかった。かろうじて見つけた現地人のものと思しき記録を参考に実際に行ってみた。

仏領ギアナへの入国

ブラジルから仏領ギアナはかなり遠い。一番近い大都市は一〇〇〇キロほど下のベレンという都市である。ここが最後の一〇〇万都市だ。ここからはフェリーでアマゾン川の河口を横断してマカパという街に向かう。この区間の所要時間は三〇時間ほどである。最高速度が時速三〇キロほどの、かなりチンタラしたハンモック船に乗らないと辿り着けない。

この街は赤道がある以外はアマゾン川の河口ぐらいしか見る場所がないので、サクッと通過し更に五〇〇キロほど北上する。バスは夜一八時出発の便で、次の日の朝六時すぎに仏領ギアナ

アマゾン名物ハンモック船

国境に接するオイアポケという街のバスターミナルに到着する。

　ブラジルとフランス領ギアナの国境検問所は朝八時に開門すると聞いていたのでここで一時間半ほど待機だ。熱帯雨林地帯特有の蚊の猛攻を耐え凌ぐためにディート（虫除け剤）を厚塗りして昨晩買っておいたご飯を胃に放り込む。

　熱帯雨林地帯の蚊はなんか強い。口器が太い気がする。食われた瞬間に刺されたな？　とわかるような、日本の蚊と明らかに違う針の感触がする。ここら一帯に蔓延る黄熱病のワクチンはコロンビアで接種済みなのでそこは安心だが痒いものは痒い。

　時間を潰していると、バスターミナルにいた人の大半が消えていた。国境の街だから大半が仏領ギアナへ行くものと思っていたがそんなことはないらしい。実際にタクシーで国境に着いた時には僕しか越境者はいなかった。

　乗ってきたバスは、国境検問所の開門前の朝五〜六時に到着するようにスケジューリングされていたと思っていた。あのスケジュールはなんだったのだ？　これほど通過者がいなければわざ

ブラジル〜フランス領ギアナの国境検問所

わざ夜行バスにしなくても良くないか。僕としてはありがたいのだけども。不思議な感じである。

初めての密出国・密入国

フランス領ギアナに入境したはいいものの、当初予定していた観光地が悉く閉鎖されていた。一つは世界史のドレフュス事件で有名な、ドレフュス大佐が島流しに遭っていた悪魔の島である。ここは本土からフェリーでのみ到達できるが、コロナ以降運行停止していた。

二つ目はギアナ宇宙センターである。本国フランスが中緯度地域なのに対し、ここは赤道に近く軌道傾斜角が小さくて済むので、フランスのアリアンを始めとして欧州宇宙機関のメインのロケット発射基地となっている。だが、これまたコロナのせいなのか名物の内部見学ツアーが停止されており、目下発射計画もなかったので外から見ても面白みに欠けており、行く意味が正直消え失せてしまった。

というわけでブラジルとの国境から県都カイエンヌに向かう

仏領ギアナの県都カイエンヌの中心部

も、小一時間滞在してみたあとすぐに別の乗合タクシーに乗ってギアナ宇宙センターがあるクールーに寄ってもらい、そこも少し眺めたら手持ち無沙汰になったのでそのまま国境へと向かった。

国境に着くとまだ車に乗っている段階から客引きたちが次々に群がってくる。いつもならここで一人で交渉するものだが、タクシーの運ちゃんが「五ユーロだ。国境から次の目的地のパラマリボまでも高くて二〇ユーロだ。いいな?」と言ってくれた。こういう運賃交渉はだいたい揉めるので、相場の確証を得たのは大きかった。値段も事前の下調べと大きく変わらない。スリナム入国後の運賃が現地通貨払いの相場に気持ち軽く上乗せされている程度である。

運ちゃんが彼についていけというのでその通りにすると川がある。そこには心許ない小舟が何艘も係留してあった。え? これが国境なの? 事前に話は聞いていたが実際目にするのとでは大違いである。こんな小型の木造船が国を跨ぐ渡し船なの?

案内された仏領ギアナ〜スリナム国境の渡し船

案内されるがまま近づくと他の人がゾロゾロと来る。客引きに集められた感じらしい。乗合タクシーならぬ乗合渡し船。こんなので国境移動するのか。他にもっとまともな交通手段がないのかと祈ったが、みんな普通に乗り込むので私も流れに沿って乗った。

五〜六人ほど乗り込んだところで一人の男が駆け寄ってきてパラマリボ行きかと聞いてきた。そうだと答えると一〇〇ユーロでどうだと持ちかけてくる。法外な値段ふっかけてくるな〜。もう値段交渉は終わって二〇ユーロで決着はついてると主張すると去っていった。いつもこのやり取りが一番面倒くさいので、早々と決着がついてありがたい。

結局それ以上はこの船には集まらずエンジンがかけられる。華麗な操舵術で反転しながら対岸へと進み始めた。YAMAHAのエンジンである。陸のTOYOTA、海川のYAMAHAを見ると誇らしくなる。

それにしても国境河川となっているが泥水のせいで国境なんて洒落たもんじゃないな。

渡し船の乗客

対岸に辿り着くとワラワラ我先にとまたタクシーの客引きが群がってくる。だが最大二〇ユーロで決着がついているという話をし、ぼったくれないのがわかると笑いながら去っていく。仏領ギアナでのタクシーおじちゃんまじでありがたかったな。

こんなに話が早いの楽すぎる。

次の問題は入出国スタンプである。乗合タクシーの運ちゃんに聞くと、「え、もう入国審査ゲート閉まってるよ」と言われた。おん？？？

てっきり普通にみんな越境しているのでこちら側にまとめてフランスとスリナムの入管が存在していると思っていた。聞くところによると、両岸に両国の入管があり既にこの日は閉まっているとのこと。じゃあ、俺と一緒に国境河川を渡河してきた人はなんなんだ？　なんならこの問いをしている瞬間も複数の小舟が行き来している。

「あーあれは全員スタンプ押してないよ」

これはどうやら全員不法越境者らしい。みんな勝手に国境を

勝手に国境を行き来する小型船

越えているだけなのだ。大丈夫さ、明日首都のパラマリボに行ってスタンプを押してもらえば問題ない。軽い口調で返される。いやま～じか。どうやら密入国をしてしまったらしい。

後日スリナムの入国スタンプをもらいに行くとしても、少なくともフランスの不法出国は確定だし、スリナムも不法滞在一日確定やんけ。周りの人間はあっけらかんとしているので多分この感じだと融通利くんだろうなとは思ったが、あっさり限界旅行者の登竜門である密入国と密出国を意図せず達成してしまいなんとも言えない気持ちである……。

スリナムの不良警官にパクられる

小一時間河岸で待ったのち、国境から首都パラマリボに向けて車が走り出した。結局同乗者は現れず運転手とその彼女との三人という謎のメンツである。爆音を鳴らしながらこの国を東西に走る唯一の幹線道路をひたすらに西へと向かっていく。

途中からは街灯すらまともにないようなインフラである。ブラジル、仏領ギアナから来ると、かなりの発展途上国に来たなという気持ちである。運転手が爆音で音楽を流す以外に何もない。この国は北海道ぐらいの大きさがある割に人口が六〇万程度しかおらず、国土の大半が密林というのは本当のようである。

一時間ほど走った頃、タクシーが急減速する。フロントガラス越しの暗闇の中に青と赤のパトランプが煌めいてる。あら検問じゃないか。ちょっとやばいかなこれ。頭をフル回転させて起こりうる事態とその対応の条件分岐を脳内に紡ぎ出す。そんなことを考えていると警察車両に止められ窓を開けた。

一旦運転手がどう対応するか見ていたら、後ろのやつはスタンプがないと即答した。いやまじか。一番揉めそうなこと最初に言うんだ。なにか秘策があるかと思ったが全くの無策特攻である。想定していた中で最悪のパターンを初手で出してきて思わず笑いそうになった。

警察の一人がパスポートを差し出せと言う。おずおずと見せると車を降りついてくるように言われた。パトカーの近くまで行くと黒人の警官が五人ほどいた。そこで当たり前のように不法滞在についての指摘を受けた。

「うん、知ってるよ」

そりゃ入管通ってないんだし入国スタンプないんだしその追求は至極当然である。ここはシェンゲン協定加盟国でもない。だが国境付近でそんなもんだと言われたし実際問題ここがスリナムということを考えたら大抵のことはなんとかなるだろう。あとは交渉力にかかっている。

警官が事情を聞いてくるのでかくかくしかじか答える。あくまで国境の人が首都の入管まで行けばスタンプ手に入ると言ったのでそれが正しいと信じてしまった、後日首都の役所で手続きするのでどうかこのままここを通過したいと主張する。

そこでボスと思しき警官が手招きしてきた。話を遮り、今から警察に行くぞ、ついてこいと。こういう場合は下っ端より権限持っている人と話したほうが話が早いので言われるままについていく。するとタクシーから荷物を取ってこいとだけ言う。僕は先ほど別の警官に話した言い分をもう一度繰り返した。

そのボスはにべも無く、荷物を取ってこいという。あらこれは警察署直行コースか？　まぁそれはそれで面白いか。アフガニスタン以来の警察連行コースじゃん。

スリナムで見たいところがあるかというと大してなかったので、このイベントはかなりラッキーである。さて楽しみだ。そう思うとニヤニヤが止まらなかった。

タクシーに戻り荷物を回収しようとすると運転手が不安そうにこっちを見つめてくる。お前なんやねん、なんとかなるって大見得切った割になんでそっちの方がビビってるねん。まぁ最悪警察署行きやなぁ、なんとかしてくるわとこっちが元気づける。なんか逆じゃね？

ランクルの荷台に荷物を置くように言われたので、この後ろに乗って連行されるか～と思っていたら荷物を開けろと。荷物チェックか。面倒くせえじゃん、連行するならさっさとしてくれ。そうこうしている間に部下と思われる警官がゴソゴソと漁り出した。

外から触って気になったものを取り出すように言われたが、残念ながら俺が登山用に買ったフライパンだ。なんだこれは！？　と驚いている。さらに中から出てくるのは……語学書である。それも一〇冊ぐらい入っている。南米の共通言語のスペイン語の本だけでなく、各地の先住民族のアイマラ語やケチュア語、アマゾン一帯の原住民言語の古代トゥピ語の本もある。

三つあるリュックの一つも見終わらないうちに、ここでド直球に聞いてきた。

「お前いくら持っている？」

はいはい来ました。露骨な賄賂要求。今までの仰々しい振る舞いは、僕の不法入国に乗じてカバンの中にある現金を見つけてそれを分捕るためのあくまでお膳立てだったようである。

残念でした〜。カバンの中にある現金はそう簡単には見つからない。なんせリュックの奥に押し込んだクリアファイルの中の、さらにエホバの証人が配っているパンフレットの袋の中に入っている。仮にファイルを引き出したとしても、外から見ただけだとただの宗教勧誘でもらったパンフレットが無造作に突っ込まれているだけの状況だ。

治安が悪い上にクレジットカードも使えない地域では現金を持ち歩かなければならないが、バスでのスリや泥棒宿もあるのでそもそも既に対策済みである。ケチャップ強盗みたいなリュックごと持っていくタイプの強盗には効かないが、そちらは別でかなり警戒しているので今のところ一度も遭遇していない。

兎にも角にも隠してある現金は見つけられなかったから直接聞いてきたわけだ。いつもエホバをカルト宗教とか言ってごめんね。おかげでこのピンチの中助かってるよ。

ここでまたボスらしき人が私を手招きして他の警官と引き離す。

「これはイリーガルだ」

うん、だからそのスタンプ首都行けばもらえるよね？　強気の主張でそう返すと渋々それを認めたが「それはそうだが、イリーガルだ」と続けた。既にトーンが落ちていた。

もうこの三文芝居に笑いが堪えきれなくなりそうだった。とりあえず難癖つけて賄賂を要求する腹づもりだろうが嘘はつけない性格のようだ。なんせスタンプは首都に行けば手に入ることを認めちゃってるわけだし。

そろそろ潮時だな。結局相手の求めてるのは僕を不法入国で糾弾したり警察に連行することではなくあくまで袖の下である。この時点でリュックの中にあったコレクション用の金やら仏領ギアナで引き出した六〇〇ユーロは見つけられてないから損害0なわけで、これ以上ごねても機会損失の方が大きいなと判断した。

最初の威勢の良さは消え、僕が答えない限りお金の在処を見つけられない彼は「お金はどうしてるんだ？　旅行している間現金いるだろう」とあくまで質問を続ける。

残念ながら旅行中は基本的にクレジットカードで生きていて必要になったら現金をＡＴＭで引き出してるから、もうユーロもタクシー代と船賃でなくなっ……あ、ポケットにお釣りの五ユーロが残ってたわ。

我ながら白々しい回答をした。しかもたった五ユーロ。これでダメだと言われたら別の紙幣を差し出すしかないな、その時はやむを得ない。また猿芝居を打たねば。だが、ボス警官は言った。

「うむ、今日のところはこれで見逃そう」

なんともスケールの小さい悪徳警官である。最初に運転手が無策で突っ込んだから不法入国で警察に逮捕されるぐらいのパターンは覚悟していた。が、我々からしたらたった五ユーロかもしれないが、スリナムだったら数日分の食費ぐらいにはなるかもしれない。おかげでこの茶番も終わった。

「不法入国してすまんかったよ、Hey, bro!」みたいなノリで返したらニコニコでお見送りされた。やっぱ少しでもお金が手に入ると嬉しいらしい。私としては五ユーロでネタが手に入って万々歳である。少し留置所にぶち込まれてみたかった気もするが……。

そんな感じでタクシーに戻ると運転手は不安そうな顔で状況を尋ねた。万事うまくやってきたと答えると車は再び首都へと動き出した。

やる気のない役人と殺人未遂

不法越境自体とそれに伴うゴタゴタはまぁネタとして面白かったので何でもいいのだが、入国スタンプだけは欲しい。旅行オタクからしたらビザと入出国スタンプは御朱印みたいなものである。コレクションしたい。あとはこのスタンプをもらいに行くついでに入管で揉めてパクられるのも悪くない。

日本や欧米含む先進国で前科がついて強制送還されるのは今後の人生に影響が出るので可能な限り避けたいところであるが、二度と来ないであろう発展途上の小国で国外退去処分はそれはそれで面白いと思う。

翌日、そんな感じでとりあえず、昨日別れ際に警官に言われた場所に行ってみる。地図で見

バスに描かれたガンジー

ると、街の中心部から、八キロほど離れた場所にある建物であった。

罰金や賄賂を要求された場合、現金がトータルいくら必要かわからなかったのでバスもタクシーも乗れず、ちょっと長めの散歩となった。南米のＡＴＭは引き出し手数料が一回あたり六〜十二ドル、一〇〇〇〜二〇〇〇円近く取られて馬鹿馬鹿しくなるのでチマチマ引き出すことができない。まぁせっかくだし街ブラも悪くない。

スリナムは今まで行った八〇ヶ国の中で一番ごちゃ混ぜな多民族国家である。宗主国のヨーロッパ系だけではなく、解放奴隷から、オランダ東インド会社の影響もあってインド系、中国系が多い。小売店は中国系、バスはインド系、タクシーは黒人みたいな感じで職業ごとに人種が大まかに分かれている。他の南米諸国は白人とその混血が上流階級を占めているが、スリナムでは白人の混血らしき人は見かけても黒人や印僑、華僑の方が圧倒的多数を占めている。

地図の示す区画に辿り着いた。入管本庁の場所を聞くと建物の裏手にあるとのこと。敷地自体は警察のようである。警察庁

小売店は基本華僑が経営

の建物は大統領宮殿近くにあったが、ここの方が大きかった。ぐるっと回るとImmigratieとオランダ語っぽい〝入管〟の単語の下に中国語でも文章が書かれている。

「Goedendag, Ik kan geen Nederlands.（オランダ語で「こんにちは、オランダ語話せません」の意）Do you speak English? or Hablas español?（英語かスペイン語話せる?）」とりあえず最初はオランダ語で会話を試みる。経験上、この二言三言を現地言語で言うかどうかで対応に大きな差が生まれる。

出身を聞かれたので日本と答えると「你会说〝マンダリン〟吗?（中国語話せる?）」と返ってきた。これはまさかの展開。ブラジルから仏領ギアナに行く時にフランス語は復習したのでなんとかなったが、中国語を南米で話すことになるとは予想だにしなかった。南米だとアタカマ砂漠ツアーで同行の中国人の通訳をした時に三日間喋っていたら少し思い出したぐらいである。しゃべり方は完全に失念している。

「一点……但是，我忘了怎么说普通话……（少しは、でも中国語の話し方もう覚えてねえよ）」そう返すとイミグレの人は英語のような何かわからない言語を話し始めた。うわ、クレオール言語じゃん。耳を澄ませてリスニング試験の時みたいにめちゃくちゃ集中して聞き取ろうとしたが、文法がぐちゃぐちゃで意味不明である。類推できる範疇を超えていた。あれ、英語より中国語の方がマシじゃね？

顔にクエスチョンマークが浮かんでるのを見たのか横の待合席に座っていた華人の親子がこういう意味よと中国語で注釈をくれた。いやはや半端なくわかりやすい。忘れた中国語でも意味のわからないクレオール言語を聞いたあとだと聞き取れるもんである。

スリナム滞在を通してこのオランダ語と英語と中国語が混ざって魔合体したクレオール言語は本当に理解できなかった。オランダ語を勉強していないというのはあるが、英語が話せると答えた人の英語にも中国語が混じったりしているしアクセントや訛りがきつすぎてわからない。一〇言語以上一通りの会話はできるし癖も少し聞いていれば推測できると思っていたがこればかりは音を上げた。ムズすぎる。

一〇分ほどやり取りしてみたが、どうやら管轄が違うらしいとのこと。つまりここではなく別の場所に行けと言われる。場所を聞いたがオランダ語でわからないのでメモ書きしてもらった。調べた感じだと入国管理庁ではなく外務省である。

スリナムの役所は一四時に全部閉まるらしくこの日は間に合わなさそうなので次の日に回すことにした。日本の銀行の営業時間かよ。そんなわけで午後からは少しばかり市内を見て回る。

スリナムの人種の多様性については先ほど述べたが宗教も幅広く、キリスト教の教会はもちろんのことヒンドゥー教寺院、イスラーム教モスクがありその隣にはユダヤのシナゴーグまである。これで喧嘩が起きないのだろうか。この狭い都市で対立しないのが不思議でしょうがない。他の国なら簡単に分断が起きそうな構成である。

市内の大通り近くの銀行で必要な現金を引き出そうとＡＴＭを探していたら、通りで喧嘩している人がいた。

上／ヒンドゥー教寺院
下／スリナムにあるイスラーム教モスク

無事ＡＴＭを見つけて現金を下ろして同じ道を戻ると、さっき見たうちの一人が刺されて道に倒れていた。

とんでもない場所に来てしまったな。中東旅行をしていた時、近くで自爆テロやミサイル攻撃が起きたことはあるが、喧嘩で人が刺されるのを生で見たのはこれが初めてである。ここ人口二十二万人しかいないのに。しかもまだ滞在二日目だぞ。

次の日、言われた通り外務省に行ってみる。庁舎は僕の実家ぐらいの大きさしかない。

外務省の庁舎内に入り、数人に話しかけてみたが英語が通じない。「あの人なら英語話せるよ！」と最後の人にカタコトで言われてバトンパスされた。スリナムだと大使館を置いている国も少ないいだろうが、外務省職員ですら英語の通用度はこんな感じなのか。

また昨日と同じような話をするが、どうやらここでもないらしい。たらい回しは想定していたが、イチャモンつけて賄賂取りに来るかと思っていたら違った。みんなやる気を感じられない。敷地内の別の建物を案内される。

スリナムの首都パラマリボで見た刺された人

結局そこにいた人が言うには、なんか入国税みたいなものがあるからそれ払えば大丈夫だが、少なくともここでは取り扱ってないとのこと。確かにそんなシステムが南米で唯一スリナムではあった気がするな。だけど、入国前や国境前で実際払わずに入ってしまったらどうすればいいのかがこちらとしては知りたいわけである。そしたら知らんとのこと。いやまじか。結局「国境行ったらなんとかんなるんじゃね？」と言われて終わった。

こんなもんか。ちょっと揉めてその過程を楽しもうと考えていたが、役人全員いい加減で何を言っているのかわからない人か、自分の管轄なのにシステムを理解していない人しかいなかった。こんな感じだから国境警備もガバガバだしみんな好き勝手行き来する状況になってるような気がした。

イミグレも外務省ももう一つの謎省庁も訪れたはいいものの明瞭な回答が得られなかったので、もうさっさと国境越えすることにした。国境まで行けば揉めるだろうが最悪賄賂使えば何とかなるだろう。限界旅行を繰り返していると、そもそもまともに法治が機能している国の方が珍しいぐらいなので、あとは交渉能力次第だなとつくづく感じる。

パラマリボの観光地、大統領官邸。世界遺産パラマリボの歴史地区の一部でもある

二回目の密入国

次はスリナムからガイアナへの陸路での移動方法を調べなければいけない。パラマリボにあるバスターミナルを訪ね歩いたら朝六時にガイアナ方面に向けたバスが出るとのこと。順序としては、まずこのバスに乗り国境から四〇キロほど離れている国境最寄りの街まで行き、そこからタクシーを捕まえて国境に辿り着き、ようやく出国する形である。基本隣国同士の往来はいつでも一定数あると思っていたがここはかなり面倒くさい仕様である。

次の朝、四時には起きて支度をし五時半にはバスターミナルに着いた。六時頃にバスが来たかと思ったら反対の仏領ギアナ方面行きである。様子を伺っていると、待合室の窓口らしきところに他の人たちがゾロゾロ並んで小さな紙を受け取っている。

行列が捌けたあと、目的地ニッケリへのバスはどこで待てばいいのか？　昨日係員に聞いたら朝六時にここから出ると聞いているがどうなのか？　と質問した。すると、バスは朝八時に出るという。え？　二時間もあとじゃん。どうやら朝六時発というのは月曜から土曜日の話で、日曜は二時間遅いとのこと。な～るほど。

状況を理解して座席に着こうとしたら「君もガイアナに向かうのか？」と聞かれたのでそうだと答えた。すると先ほど他の人ももらっていた小さな紙切れをもらった。紙には数字が書いてあった。これは整理番号らしい。バスに乗る時にこの数字を持っている順で乗れるからなくさないようにとのこと。まじか。隣国行きのバスの定員は高々一台分だけなのか。

この路線は一応首都間を結ぶ一番メインのルートなはずである。朝しか便がないという話は聞いてはいた。それにしてもたった一台なんだ。まじか、一日の定員少ねぇ……。

整理券を受け取ると待合室に座っていた現地人の女性二人が話しかけてきてくれた。貴方、ガイアナにいくの？　私たちもよ。お互い色々自己紹介したあと、方向が同じなのでお供してもいいか？　と聞いたら珍しい申し出だったのか爆笑しながら快諾してくれた。日本人旅行者は初めて見たとのことだった。

ペルーやボリビアはもちろん、ブラジルにも多数の日系人が住んでいるので南米ではそこまで日本人の風貌は珍しくはないが、このギアナ三国ともなるとレアな存在になれるようである。ガイアナまでの信頼できる伝手を確保した。

まだバスが来るまで時間はかなりある。バス車内で睡眠を取ろうと睡眠時間を減らしてきたがここにきて誤情報により目を覚ましていなければならなくなった。二日前にスリナムで刃傷沙汰を目撃している。バスターミナルで待機中にリンチされたり刺されたりするパターンは可能性としては全然考えられる。眠いからといって気を抜けない。目覚まし代わりにポルトガル語を復習して時間を潰した。

その間、仏領ギアナ行きのバスは三台ほど人を集めては発車していった。スリナム人の不法金採掘者が仏領ギアナに不法越境しているのが問題になっている話があったが、普通にこっちの方の往来は激しいようである。

予定より二〇分ほど遅れてバスが到着する。ブラジルや仏領ギアナはここら辺かなり正確だったので、スリナムらしさを感じた。先ほど配られた整理番号の順に乗り込んでいく。早い番号だと座りたい席を確保できるようである。パチスロの抽選かよ。

道中の車窓風景を描写したいところだが殺風景すぎて本当に書くことがない。道路が劣悪で揺れが激しいことぐらいで、山もなく海も見えずただひたすらつまらない草原と茂みの繰り返しだ。運賃が一〇〇スリナムドル（四〇〇円程度）と激安だったことぐらいだ。これはスキップされるのも宜なるかな……。

途中一回休憩を挟み、正午頃ニッケリという街に着いた。バスを降りようとした時、最初に会った女性二人が一緒にタクシー乗

首都のバスターミナルにて目的地ニッケリへと向かう

る？　と声をかけてくれた。その方が割り勘できるからありがたい申し入れである。ありがたく話に乗るとタクシーの値段交渉もやってくれた。ここの区間の相場は調べても出てこなかったからありがたい。二五〇スリナムドルだから一〇〇〇円強といったところか。

助手席へと乗り込み、ここから国境へと向かう。自分の状況を思い出し、さてここからが本番だと気を引き締めていた。すると思っていたよりだいぶ北側を進んでいく。車の最短距離は歩行者と違うもんな、と最初は思っていたがどうも完全に別の方向に向かっている。あれ、これ本当に道合ってるのか？　河口沿いに走る車のルートを見てかなり不安になった。

確認しようとしたところでタクシーは止まった。「着いたよ」

え？

クエスチョンマークが頭を駆け巡る。だがその場所は確かに船着場のような様相を呈している。ここが発着場なの？

疑問を感じつつも、女性二人は迷いなくさっさと降りて荷物を持って歩き始めている。少なくともガイアナへ行くというのは本当らしい。

船の待合席

そこには屋根のついた待合席が用意されていた。既に親子連れを含めて三人が座っている。我々三人もそこに通される。一人の男にガイアナ行きか尋ねられたので「そうだ」と答えるとそれ以上特に何もなくそのまま席に座った。

連れの女性たちに話を聞くと大きな船と小さな船の二種類あって今日は小さい船よ。大きい船に乗りたいなら一日ニッケリで宿泊してから明日乗るしかないわと。この時点で察した。これ密航船だ。仏領ギアナからスリナムへの越境の際も、あとで現地人と話している時に「大きい船と小さい船どっちで渡ってきたのか？」と聞かれた。大きい船が正規の国境渡河船で小さい船は勝手に越境しているやつなんだ。

ここまできたら逆に面白い。もう既に不法越境しているのだ。ガイアナへも不法越境したところで怒られるのはリカバリー地点の一ヶ所なので同じようなものである。この渡場の人たちが漁民なのかギャングなのか知らないが、普通の現地人が利用しているルートではあったので、余計なこと言って足元見られるようなことをするぐらいなら流れに身を任せた方がいいはずだ。何より好奇心の方が上回っていた。

そんな感じで密航船に乗ることに決めた。値段も聞いてみたが七〇〇スリナムドル（約三〇〇〇円）と通常ルートより二〜三割ほど高いだけで特にぼったくられている感じではない。私が日本人旅行客と知っても現地人と同じ価格だったのでそれも含めて悪意は感じられなかった。

するとの男の一人が海でも眺めてきなよと声をかけてきた。ほのぼのとした光景である。だが入出国審査のない不法越境である。先進国だと国を二分しかねない、極右が台頭してもおかしくない状況である。みんなノリが軽いなぁ。

眺めると言っても海は泥の色をしていた。綺麗な海の修飾語である「コバルトブルー色」と正反対の色、「ドブの色」。アマゾン川も仏領ギアナ側方面の川もそうだったがどこもこの色をしている。毎日のように雨が降り、似た土壌の土砂が上流域から流れてくるからなのか？ そこらへんはいまいちわからなかった。

ガイアナ〜スリナムに面する海ともなると大西洋の中でもカリブ海と言った方が近そうな地理である。ベリーズやグアテマラ、パナマが透き通る様な水の色をしていたのと対照的だった。

船乗り場となった海岸。奥にヒンドゥー教寺院が見える

海も長時間見入るほどのものでもなかったので、暇をしながらしばらく待った。乗合タクシーでしか移動できない区間は今まで何度も通ったがこれほど待つのは珍しい。スリナムとガイアナ間ってこんなに交流少ないのか。

この間に両替をしておいた。レートは悪いが、国境を越えたあとのジョージタウン行きのバスのお金を先に手に入れておきたかった。他に両替商はいないし対岸にいる保証もない。少額なら多少の損はやむなし。案内してくれた女性二人がいる場というのも大きい。

ポルトガル語のテキストを順調に読み進めてしまっていた。しばらくして家族連れが来て一気に解決した。最小催行人数は一〇人だったが結局一四人ほどの乗客数になった。

頭数が揃ったのを確認するとさっきまで酒盛りしていた男の内の一人が電話し始めた。船を呼び寄せるらしい。どこかに隠してあるのか？　はたまた別の作業中なのかこれはわからない。一五分ほどで船が到着するから河岸沿いに待機しろとの指示があった。

波止場とか船着場と書いてきたが、実際はそんな代物じゃない。普通の浅瀬のある砂浜である。コンクリート護岸も木の桟橋も、そういった大層なものなど何もない。

遠くからエンジン音を響かせながら水飛沫を上げて迫ってくる一つの影が見える。すげえ完全な密航船だ。

実際に目にするとやはり触法行為をしている罪悪感よりワクワクの方が勝ってしまっていた。それにしても小さい船やな。この船乗り場は河口とはいえ外洋側である。波がザブンザブンと押し寄せている。

船着場がないので靴を履いたまま乗れないことにここで気づく。うわまじか、現地人が全員サンダル履きな理由をここで察した。慌てて靴と靴下を脱いでリュックに結びつける。ズボンの裾もまくる。なんで国境越えするだけなのに潮干狩りみたいなことしているんだろう。

ここでさっきまでやり取りしていた男が突如として荷物運搬料一〇〇〇ガイアナドルを要求してきた。いやお前何も運んどらんやんけ。さっきまでいいやつだったのに最後の最後で欲出してくるな。テキトーにあしらって船に乗り込む。荷物含めると全部で一〇〇キロ近くあるので最後に乗り込んどいてよかった。船が左右に大きく揺れる。

なんとか乗り込むと船はすぐに出港する。沿岸警備隊とかいないのか？　と思ったが仏領ギ

密航船

アナ側でもテキトーに行き来していたから似た感じでガバガバであろう。ガイアナは今ベネズエラを相手にする可能性の方が高そうだしな。

この船にはライフジャケットがなかった。いやあるにはあったけど二個しかなかった。一四人の乗客と操縦士一人で合計一五人いるが、転覆したら十三人はお陀仏である。こんな辺境でタイタニックごっこしたくないぞ……。河幅は大体八キロぐらいある。小五で泳いだ一〇〇〇メートルが最高記録なんだよな。波のある中最大八キロ泳げるかなこれ……。

どうやら生きるにしろ死ぬにしろそれなりに覚悟をしなければならないようである。地中海をゴムボートに鮨詰めにされて密航する難民ってこれを超えるくらいきついことをやっていると考えると覚悟すげえな。最短距離でもこの一〇倍ぐらいあるし……。

岸から離れると高くなった波が船底にゴンゴン打ちつけて鈍い音がする。小型高速船だとこんな感じの気分は味わえるが、

密航船は遊園地のアトラクション並みの水飛沫がかかった

まともな会社の船なら屋根もあるしライフジャケットは着用絶対である。この小型木造船で転覆した時のことは考えたくもないな。

途中からビニールが回ってきた。これで水飛沫に耐えろということらしい。すでにびしょ濡れであったが荷物があるのでないよりはマシか。ありがたく隣に座ってる人と一緒に膝掛けにした。

着岸したのはガイアナの漁港と思しき場所である。こっちには船着場がちゃんとあり、足を濡らさずに済みそうである。荷物を持ってやると言われたがまたどうせ金要求するやつだろ、めんどくさいので断った。だが先に小さなリュックを下ろして別のリュックを担いで下船しようとする間にそのリュックを担いで歩き出した。うわ、めんどくせ。

案の定、ガイアナ側の待機場所に着いた時に金払えと言ってきた。無視して行こうとしたら五人ぐらいに取り囲まれ、二〇ドルだの二〇ユーロだの要求してくる。こういうダルいところは正規だろうが密航船だろうが同じなんだな。クソが。

ただ悪徳警官に検問で尋問された時と同じく現金はうまく隠してあるので見つからない。ポケットの中全部見せて何もないことを示す。さっさとバスに乗りたいのでリュックの中の一つに入れてあった二レアルを偶然見つけたふりをする。せいぜい六〇円だ。残念ながら金持ってませ～ん。

それを投げるように椅子の上に叩き付け、え？　みたいな間抜けヅラしている間に荷物を全部担いで歩き出した。後ろでやんややんや言われたがそもそも他の乗客からは金取ってないし、一芝居したのが効いたのか、これ以上は無駄と思ったのかわからないがそれ以上何も起きずに終わった。

大体こういうぼったくりとか不良警官ってちょっと揉めたあとに少しの金投げつけておけばなんか終わるんだよな。一時間押し問答するのは流石にこっちとしても面倒くさいし、多勢相手に荷物持っているとこちらも機動性が悪くなるので落とし所としてはこんなものだろうというのが経験則としてある。まぁ所持品が少なかったらもっと大暴れして一銭たりとも渡さないけど。

ここからは早かった。バスがあると聞いていたが船着場近くで乗合タクシーが待機しており、値段もバスと同じ五〇〇〇ガイアナドル（約二五ユーロ）である。船の同乗者がこいつは信用してもいいよとお墨付きをくれたのでぼられる可能性もなさそうである。そのまま乗り込んだ。

タクシーに乗って首都に向かっている間に検問をいくつか通過した。だが特にパスポートを要求されることもなく普通に通過してジョージタウンに着いた。

不法状態解消・リカバリー

ガイアナのジョージタウンはすぐ見終わった。一応市内観光ついでにガイアナの入管に入国審査通ってないからどうしたらいいか問い合わせてみたが、たらい回しでやる気が見られなかった。ギアナ三国はどこの国もいい加減だな。これ仏領ギアナだったらどうなるんだろうと気になった。こんなんだからみんな好き勝手に移動しているんだろうな……。

一番面白かったのが、首都に到着後たった二時間四〇分で強盗にあったことである。ホテルの前でオートロックの解錠をしている瞬間だった。あまりの治安の悪さに爆笑してしまった。まぁもう南米五回目の強盗なので相手が懐からナイフを見た瞬間に興醒めして冷静に反撃しつつ絶叫したら逃げていった。銃も買えない貧乏な強盗は大したことないなとそろそろ達観してきた頃である。

こうなると個人的に興味が残っているのは、ベネズエラが昨年堂々と侵略宣言をしていたエ

ジョージタウンの観光地である市場は首絞め強盗が頻発する場所として有名

セキボ地域である。ここはスペインとイギリス・オランダの植民地戦争時代に起因する領土係争地域である。一八九九年のパリ仲裁協定により現在の実効支配の国境となっているが、ベネズエラ側はこれを不正としている。

元から領土問題は存在していたが、ここら一帯に鉱物資源や石油資源が大量に眠っていることが発覚するとベネズエラは二〇二三年十二月にこの地を自国領かどうかを問う住民投票を強行した。よくある領土問題の構図である。この頃中米にいたので、長らく戦争のなかった南米でまさかの戦争勃発かとヒヤヒヤしていたものだった。

そんなわけで気になっているエセキボ地域である。ちょうどガイアナの次はアマゾンへ行くつもりであったのでこの地域を通過することにした。久しぶりに足を踏み入れる領土問題係争地である。個人的にはトルコの傀儡国家である北キプロス・トルコ共和国以来であろう。

この地帯を越えたらブラジルとガイアナの国境である。ジョージタウン市内でこの方面まで行くにはトランスポーテーションと書かれた会社に問い合わせなければならない。この区間は電車がないのは当然のこと、バスもなく乗合タクシーすらない。未舗装地帯が三〇〇キロ以上も続く区間である。

滞在二日目の市内観光をする前に、いくつかある会社に条件を聞いてみて、出発時間が遅めで余裕のある会社のチケットを購入した。

予定時間になり乗り込むと出発したが、この区間はバスジャックからカージャックまで出没する場所である。舗装のある場所をかなりの速度で飛ばすのはそのためだろう。

途中からは完全に未舗装地帯である。運転手が休憩中にタイヤの空気圧を抜いていた。このスタック防止術をみると本格的なオフロード区間なんだなと実感する。この頃には真っ暗闇で何も見えなくなっていた。舗装すらないんだから街灯なんて贅沢なものあるわけないか。ただひたすら車体を上下に揺らしながら悪路を爆走していった。

途中何回か降りてパスポートを出せと言われた。検問である。お、ここで不法越境がバレるのか？　と思ったら一番後ろの席で寝ていて死角にいたからか「お前は後ろで寝ていろ、そっちの方が早く終わるから」と運転手に言われた。また意図せずして検問を突破してしまった。なんなんだこれ。

シートベルトで体を固定して飛ばされないようにしながら睡眠を確保していたら、あるとこ

ガイアナからブラジルへの移動手段

ろで停止した。地図を見ると川の手前である。今通っているのは首都ジョージタウンとブラジルを結ぶ唯一の幹線道路だが、エセキボ川でこの道路は分断されている。唯一の街道は橋が架けられていないのだ。まるで江戸時代における東海道の多摩川とか相模川みたいだ。一説には架橋しないことで自然の防壁としているとのことだ。

ガイアナの場合、これは軍事的理由だろうか。ベネズエラが軍事侵攻してくる時、ブラジルへ迂回進軍してそこからこの街道沿いに北進するパターンが想定されている。その場合ここがメインの道路だとしても橋が架かっていない理由としては十分考えられる。普通に発展途上国で金がないだけだったらごめん……。

寝ぼけてそんなことを考えていたが、尿意を催したので用を足しに降りる際、状況を確認した。ここを渡る船は朝六時発だからそれまで待機とのこと。

外を見回すと私たちが乗っていたようなバンから自家用車、輸送トラックまで多数空き地に止められていた。トイレは恒例の野外である。領土問題係争地での立ちションって斬新だな。

エセキボ川の渡し船

朝五時四五分ほどになると各車両が号令をかけて乗客を寄び戻し始める。出発の時間だ。中で睡眠を確保していたので眠い目を擦り観察していた。準備が終わった車両から一列に道路に並び、途中から反転してケツ側から船に乗り込み始めた。ここは乗客を乗せた車ごと乗り込むのか。川ぽちゃしたらお陀仏だなこれ。

渡し船には三列になるよう車を船に乗せる。ブラジルのレンソイス・マラニャンセス国立公園でもこの形の渡し船があったので割と一般的な形式らしい。いつも乗っているフェリーに比べると小回りは利きそうである。

ただどうやらこの船も内蔵動力がないらしい。河岸を人力で押して離岸して他の船で対岸まで押しながら曳航してもらう形だ。これが主要幹線道路か……。

エセキボ地域を通過する中、途中何回か検問があったり野外トイレタイムがあったりした。トイレで止まっている間に道端に大きめの蟻塚を見つけ少し感動した。

検問でパスポートを見せてみたりしたが名前含む個人情報と通過時間を記録しただけであとは見るつもりがないようだった。

路肩にあった蟻塚

そうして特に何も起きず、レセムというブラジルとの国境の街に午前一〇時頃に着いた。これくらいなら出国審査で揉めても十分余裕がありそうである。地図を見ると川で国境が隔てられていて入国管理の建物は橋の袂にあったがガイアナ側をスルーしてブラジル側に入ることもできる構造だった。

ただ、それでは面白くない。せっかくなら不法入国したのをどう咎められるのか見てみたい。そのまま出国審査の建物に入ってみる。

中にいたのは僅か一〇人ほどである。通行量の多い貨物ドライバーは出入国審査が免除されてるのだろう。ガイアナ側の入管には二段階の審査過程があるらしく、バケツリレーのように人が動く。

席で待っていると五分も経たずして順番が回ってきた。一人目のガイアナの入国管理官にパスポートを渡す。今まで押された旅行スタンプは合計で一七〇~一八〇個はあるので正直確認が面倒になってバレない説はあると思っていた。

だが、他の人は流れ作業で次の審査官に回されるのに僕は

ガイアナ～ブラジル国境。エセキボ地域はガイアナ領土と書かれたプロパガンダ看板

スキップされた。これすごいな。今まで通った国境では、みんなテキトーにパラパラ捲っては入国スタンプの有無の確認を面倒くさがるかのようにすぐスタンプを押してた。この審査官はちゃんと仕事している。どうやらスタンプを探しているようだ。ページを捲る音が聞こえる。

いや、感心してる場合じゃないか。ここからが本番である。するとそのおじさんは身を乗り出してきてスタンプがないがこれはどういうことだと詰めてきた。インクが薄かっただけでどっかにあるとしらばっくれるのも手であったが（実際スカスカ入国スタンプを押す国は多い）、それだとあまり面白みがない。

正直ここから何が起きるかのほうが気になっている。正直にスリナムから入国する時に入国審査を経ていないことを言ってみた。不法入国者への対応はどうするんだろう。

スリナムのバスターミナルで出会った人についていった結果不法越境に至ったが、入管を通っていないのはわかったので首都の政府省庁にも問い合わせた上でここにきている。

審査官は僕の言い分を聞いて少しばかり逡巡したがあくまでこれは不法入国だと繰り返した。僕は、それなら漁船が堂々と人を集めて入国審査を経ることなく国境を往来し、渡し賃で儲ける商売が成立しているのはそもそもどうなのかと返した。問いに問いで返す詭弁である。

審査官の目が泳ぎ対応を考えあぐねていた。同じような応酬が続いたあと、また席へと戻された。これはどうなるんだ。待合席で放置プレイである。さてさてどうなるかな、ワクワク！

この国境がマイナー国境なのは間違いなく、日本人の旅行者も珍しいようで通過者が話しかけてきて雑談していた。事情を聞いて「なんとかなるよ」と言うものもいれば「これは逮捕かもな」と軽快なジョークを飛ばす人もいた。

二〇～三〇分ほど経った頃であろうか、彼が戻ってきた。えらい仏頂面で無言でパスポートを渡してきた。中を見ると出国スタンプは押されていなかった。

このあとどうなる？　逮捕か？　賄賂？　その他？

矢継ぎ早に聞くとさっさと行けとのこと。どうやらこれで終わりらしい。結果的にガイアナも不法出国扱いである。まぁ兎にも角にもこれでブラジルの入国スタンプを手に入れられればリカバリー成功である。そしてそれはあっさり手に入った。

ガイアナの国境検問所を出て、ガイアナとブラジルの国境に架かる橋を歩いていると眼下の川辺に小舟があった。あ、これはブラジルも密入国やろうと思えばできたな……。

ガイアナ～ブラジル国境の川

さいごに

中南米一周を終えて日本に帰国しこの本の原稿を執筆している頃、外で花火をして遊んでいた一瞬の隙にリュックごとパソコンを盗られてしまった。南米では銃を出してきた強盗以外は全部殴り返してたし、置き引きやケチャップ強盗にも遭わなかったのに日本ではあっさりやらかした。

海外にいる時は戦闘モードで常に警戒心マックスなのでほぼ実害を被ることはないが、日本にいると治安を信じきっているために電車でも爆睡しているし財布を落としたり今回のようなアホをやらかしたりしがちである。どうやら日本も多少は気をつけたほうがよさそうである。

まぁただ日本って平和だよな〜。物盗られてムカついてはいたが命まで取られることはない。何回やらかしても日本が戦争にでも巻き込まれない限りは帰国するたびに間抜けをやらかすと思われる。

海外旅行で戦争やテロに加えて強盗などの犯罪を一通り経験してしまったあとは登山にハマった。中南米の四〇〇〇、五〇〇〇、六〇〇〇メートル峰は制覇してしまったので、キルギスのレーニン峰で七〇〇〇メートル峰にチャレンジしたところ、六三〇〇メートル付近で吹雪に遭った。三日間マイナス二五度の中過ごしていたら血痰が出て登頂は失敗した。

どうやらまだまだ鍛え方が足りないようである。最初は旅行の延長で始めた登山だったがハマりにハマってしまった。もうここまできたら八〇〇〇メートル峰一四座登頂ぐらい目指してやろうじゃないかと。

チャリ漕いだり山登ったり、旅行とどっちがメインなのかわからなくなっているが、面白いと思ったらどこまでもやり抜くのが個人的なポリシーなので、このまま限界旅行も登山もチャリも筋トレもやり込もうと考えている。

これからの渡航先は内緒だ。まぁ普通に面白そうな場所はいくつかあるので登山しつつまたしれっと渡航するだろう。

指笛奏者（ゆびぶえそうしゃ）

1995年愛知県生まれ。特技は指笛。大学では物理工学を専攻。筋トレとロードバイクをこよなく愛する限界旅行者。12の言語を操り、未承認国家や経済破綻国、危険地帯や辺境を渡り歩く。これまで訪れた国は82ヶ国。

わたしの旅ブックス

060

誰も行かない場所に行く　限界旅ギリ生還記

2025年3月13日第1刷発行

著者——————指笛奏者

デザイン————松田行正＋杉本聖士＋山内雅貴（マツダオフィス）

編集——————及川健智（産業編集センター）

発行所—————株式会社産業編集センター
〒112-0011
東京都文京区千石4-39-17
TEL 03-5395-6133　FAX 03-5395-5320
https://www.shc.co.jp/book

印刷・製本 ———株式会社シナノパブリッシングプレス

ISBN978-4-86311-438-8 C0026